【主　　创】薛蓓蓓　戴　凡　栾杰文　杨越超　苏　娜
　　　　　　陈威良　宋见宇　刘荔彤
【插　　画】高问衡

【特别顾问】郭　伟

上班路上

# 学点儿法

讲雇事　著

中国人民大学出版社

·北京·

**图书在版编目（CIP）数据**

上班路上学点儿法 / 讲雇事著. －－北京：中国人
民大学出版社，2021.4
ISBN 978-7-300-29258-8

Ⅰ.①上… Ⅱ.①讲… Ⅲ.①法律－基本知识－中国
Ⅳ.① D920.4

中国版本图书馆 CIP 数据核字（2021）第 060837 号

**上班路上学点儿法**

讲雇事　著

Shangban Lushang Xue Dianer Fa

| | | | | |
|---|---|---|---|---|
| 出版发行 | 中国人民大学出版社 | | | |
| 社　　址 | 北京中关村大街 31 号 | | 邮政编码 | 100080 |
| 电　　话 | 010－62511242（总编室） | | 010－62511770（质管部） | |
| | 010－82501766（邮购部） | | 010－62514148（门市部） | |
| | 010－62515195（发行公司） | | 010－62515275（盗版举报） | |
| 网　　址 | http://www.crup.com.cn | | | |
| 经　　销 | 新华书店 | | | |
| 印　　刷 | 天津中印联印务有限公司 | | | |
| 规　　格 | 170mm×240mm　16 开本 | | 版　　次 | 2021 年 4 月第 1 版 |
| 印　　张 | 17.75 插页 2 | | 印　　次 | 2021 年 4 月第 1 次印刷 |
| 字　　数 | 268 000 | | 定　　价 | 58.00 元 |

# FOREWORD

什么是职场性骚扰？

下班后可以殴打同事吗？

这是一本不正经中带有一丝严肃，正经中又添加了些许活泼的"劳动生活百科全书"，我是小九。

小九是我，职场半新不新人士一枚。虽然参加工作时间不长，但我时常问自己：关于职场，关于劳动生涯，我到底想成为怎样的人？直到有一天，我看到一位西装笔挺的精英人士边开奔驰边吃煎饼果子，顿时，我找到了努力的目标。

真好，我也想吃煎饼果子。

相信你一眼就看出来了，我是一个靠得住的人。

当然，劳动生活里，既有一往无前的孤勇，有时也需要三思而后行。这本书里不光记载了我的故事，而且还有许多劳动法干货知识。

相信读了这本书，正沉浸在工作中的你，不论是作为雇员还是雇主，未来面对职场上的法律问题，都会有比我还靠得住的解决办法。

我们在本书结尾见。

# 《九哥来上班》主要人物

蔡 九　九哥

八 鸽　九哥的女友

黄花菜　麻辣烫文化传媒公司编辑部部长

炒栗子　水果干文化传媒公司编辑部 HR

牛肉面　水果干文化传媒公司编辑部部长

# C O N T E N T S

目 录

## 雪天路况差，九哥要休假　/ 69

第四篇

## 换乘线路多，从头再来吧 / 203

## 第一篇

# 地铁路漫漫，九哥早规划

第一集

# 实习需要签协议吗?

我叫蔡九，也有人叫我小九。

作为一个相貌平平的精神小伙，我的"雇事"要从去年夏天说起。也就是去年那个平平无奇的夏天，我还是一名在校学生，一边上课，一边做一些与读书学习毫无关系的事。

那时候，我的爱好是各类网络文学，当然，我并不是负责看的，而是负责写的。我日均破零、月均破五的点击量，成功吸引了他人的注意。于是在一个阴云密布的下午，我接到了一通陌生电话。

**陌生人：** 每月给你八百块，平时没事来我们这写写稿子吧。

　　**我：** 你谁啊?

**陌生人：** 麻辣烫文化传媒公司。

　　**我：** 八百太少，连十八线城市最低工资都不够。

**陌生人：** 一个学生一个月八百不低了，而且兼职的工资也不受法律限制。

　　**我：** 那你们得跟我签个合同，别以后赖账。

**陌生人：** 劳务协议随便签。

　　**我：** 为啥不签劳动合同?

**陌生人：** 我们法务说，学生勤工俭学的，还不具备签劳动合同的资格，签不了劳动合同。

我：那正好，那我只勤工，不俭学，这样能签劳动合同了吧？说实话，我本来就不怎么上课，每天一心扑在网上。

陌生人：不管你逃不逃课，我们公司规定，只要是学生，就都不能签劳动合同。

我：不瞒你说，为了你们公司，其实我已经决定退学了。

陌生人：什么时候决定的？

我：就刚才。

陌生人：你来写网文真是屈才了。

我：还行吧，要是实在过意不去，给我加工资就行。而且，我不算是一个纯粹的学生，我是创业，是创业，创业！

陌生人：录音机成精了吧？我听清了，不用回音。反正就是这么个情况，没有劳动合同，只有劳务协议。你不签我们就找别人。

我：那么我签。

**我的内心在思考：**

实习生是不是劳动关系？要不要签协议？

**敲键盘：**

年满 16 周岁的大学生，法律并不禁止建立劳动关系。"在校生利用业余时间勤工助学，不视为就业，未建立劳动关系，可以不签订劳动合同。"（原劳动部《关于贯彻执行〈中华人民共和国劳动法〉若干问题的意见》第 12 条）

利用业余时间勤工助学的，可以不签订劳动合同，但并非不允许签订劳动合同，且对于明显超出勤工助学范畴的专职工作，不排除作为劳动关系来考察的可能。

## 劳动合同可以不给员工吗？

虽然通宵写作，但我依旧保持了每天阅读、学习并认真做读书笔记的好习惯。

比如，今天的话题是：劳动合同可以不给员工吗？

建立劳动关系，就应当签订劳动合同。

因为《劳动合同法》第10条第1、2款规定：

"建立劳动关系，应当订立书面劳动合同。已建立劳动关系，未同时订立书面劳动合同的，应当自用工之日起一个月内订立书面劳动合同。"

不签劳动合同就需要支付双倍工资。

因为《劳动合同法》第82条第1款规定：

"用人单位自用工之日起超过一个月不满一年未与劳动者订立书面劳动合同的，应当向劳动者每月支付二倍的工资。"

因此，大部分单位还是会签订劳动合同的，不然，就可能要支付双倍工资。

但是，有些公司貌似不希望这份书面合同留在员工手里，于是会这样做：（1）只与员工签订一份劳动合同。（2）虽然签了两份，但不返给员工。

那么问题来了：（1）这两种做法是否符合法律规定？（2）采纳这两种做法后，公司是否应该支付员工未签劳动合同的双倍工资？（3）在这两种做法中，签订的劳动合同还有效吗？

针对问题（1）：《劳动合同法》第16条规定："劳动合同由用人单位与劳动者协商一致，并经用人单位与劳动者在劳动合同文本上签字或者盖章生效。劳动合同文本由用人单位和劳动者各执一份。"以上可以得出：劳动合同需要一式两份，其中一份需要返还给员工，即上面两种做法都不符合法律规定。

针对问题（2）：虽然这两种行为都不符合法律规定，但如果公司就这么做了，是否应该支付员工未签劳动合同的双倍工资赔偿呢？回顾《劳动合同法》第82条，可知，支付双倍工资的前提是企业未与劳动者订立书面劳动合同，上面这两种做法都签订了书面劳动合同，不存在未签订的情形，一般而言不需要支付双倍工资。

针对问题（3）：劳动合同生效的条件是"劳动合同由用人单位与劳动者协商一致，并经用人单位与劳动者在劳动合同文本上签字或者盖章生效"。《劳动合同法》第26条规定的劳动合同无效情形不包含只签订一份劳动合同或签订后未返还的情况。也就是说，这两种做法不必然引起劳动合同的无效。

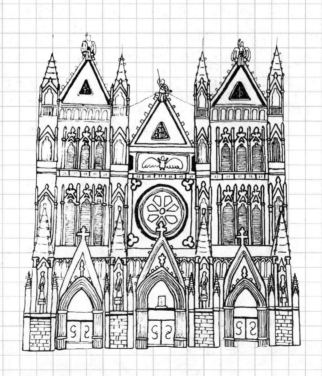

## 第二集

# 实习工伤怎么办?

虽然麻辣烫公司不承认我在创业，但既然是勤工俭学，那我就要有勤奋的样子：在麻辣烫官网次更三千字，日更三次，月均更新 30 万字。人家都是"996"就苦不堪言，而我属于自觉"007"，可以说是当代"打工人之光"了。

但是一段时间下来，我的眼睛基本上算是瞎了。为此我更换了一副近视眼镜，并且保留了眼镜店的验光证明和购镜发票。我向我们部长黄花菜老师作了汇报。

　　**我：** 花菜老师，我换了一副新眼镜。

**黄花菜：** 嗯，不错。

　　**我：** 花菜老师，您有没有觉得我目光如炬?

**黄花菜：** 那倒没有。

　　**我：** 花菜老师，我保留了眼镜店的验光证明和购镜发票。

**黄花菜：** 嗯，好习惯。

　　**我：** 所以，我的这副新眼镜，需要公司给报销一下。

**黄花菜：** 啊? 为啥?

　　**我：** 您不是也认为，我保留验光证明和购镜发票，是个好习惯吗?

**黄花菜：** 这是两码事吧? 要这么说，用不用把你买的衣服、帽子、拖鞋、牙刷什么的也都给你报了?

我: 如果您坚持的话,我是不反对的。还有这几天的午饭外卖,我也都保留了快递单和收据。

黄花菜: 也不是完全不行,要不,你先给我个公司报销的理由?

我: 我是工伤。

黄花菜: 你不是一直戴眼镜的吗?

我: 没来实习之前,我的视力 5.7。

黄花菜: 别蒙我,视力表最多到 5.3。

我: 我说的是度数。

黄花菜: 570 度也不对呀,眼镜 25 度一个档吧?

我: 没错啊,570 除以 25 等于 22.8,我正好就是 22.8 档。

黄花菜: 我寻思 22.8 这个数,怎么看也跟"正好"没关系吧。

我: 这些不是重点,重点是我现在看不清了!

黄花菜: 那行,你先去医院开个证明。

我: 眼镜店证明行不行?

黄花菜: 眼镜店的证明,人家社保局也不认可啊!

**我的内心在思考:**

近视眼是工伤吗? 实习生受伤可能认定为工伤吗? 社保局认可眼镜店的证明吗?

**敲键盘:**

工作中长时间用眼导致近视并没有直接证据,且导致近视的原因有很多,不一定和工作有关,且近视一般不是突发事故,较难认定为工伤。

实习生与单位的关系如果认定为劳动关系，那么工作中受到事故伤害的，存在认定工伤的可能；如双方不存在劳动关系，但实习生在工作场所或因工作原因受到伤害的，公司可能承担侵权或者人身损害赔偿责任。

　　另外可以参考浙江省人力资源和社会保障厅等三部门发布的《关于试行职业技工等学校学生在实习期间和已超过法定退休年龄人员在继续就业期间参加工伤保险工作的指导意见》（浙人社发〔2018〕85号）。

　　眼镜店的证明是消费证明，不是医疗证明，社保局认定工伤时不以消费证明为依据。

## 读书笔记 Day 2

### 交通事故工伤赔偿和肇事方赔偿可否兼得？

日有所思、夜有所学，工伤问题在我脑海中挥之不去，比如：

李四下班途中遭遇了车祸，对方负全责。

李四要求单位为自己申报工伤。

于是问题来了。

**1. 李四要求单位申报工伤后，还可以要求对方赔偿吗？**

《最高人民法院关于审理人身损害赔偿案件适用法律若干问题的解释》（2020 年修正）第 3 条第 2 款规定："因用人单位以外的第三人侵权造成劳动者人身损害，赔偿权利人请求第三人承担民事赔偿责任的，人民法院应予支持。"

答案是：可以。

**2. 医疗费用只有一笔，李四可以要求工伤保险基金和对方重复赔偿吗？**

根据《最高人民法院关于审理工伤保险行政案件若干问题的规定》（法释〔2014〕9 号）第 8 条第 3 款，对方已经支付的医疗费用，工伤保险基金无须重复赔偿。

**3. 如果对方已赔付，李四还能要求单位支付全部工伤待遇吗，还是只能要求差额部分？**

关于对方的人身损害赔偿和单位的工伤待遇赔偿，现行法规中并没有完全禁止同时享受。两项赔偿的请求权基础不同，一个是基于人身损害赔偿的请求权，另一个是基于工伤待遇的请求权，并不必然重叠。

**4. 那么哪些是重叠的，哪些是不重叠的呢？**

以误工费和停工留薪期工资为例，不同地区存在不同的做法。

《上海市工伤保险实施办法》第45条规定，停工留薪期工资福利待遇、一次性伤残补助金、一次性工亡补助金等费用，员工不能获得"双份赔偿"。

北京市高级人民法院、北京市劳动争议仲裁委员会《关于劳动争议案件法律适用问题研讨会会议纪要》（2009）第34条规定，医疗费、交通费、残疾用具费等，如果第三人已经全额赔付，单位无须重复支付，但停工留薪期工资待遇不在此列。

地区差异是客观存在的，即便各地规定繁多难以归拢，我仍希望在这个问题上做一些整理，以期见微知著。

（1）根据1996年原劳动部《企业职工工伤保险试行办法》第28条第2项，交通事故赔偿给付的死亡补偿或者费残疾生活补助费，已由伤亡职工或亲属领取的，工伤保险的一次性工亡补助金或者一次性伤残补助金不再发给。

（2）根据2006年《最高人民法院关于因第三人造成工伤的职工或其亲属在获得民事赔偿后是否还可以获得工伤保险补偿问题的答复》，因第三人造成工伤的职工或其近亲属，从第三人处获得民事赔偿后，可以向工伤保险机构申请工伤保险待遇补偿。

（3）根据2014年《最高人民法院关于审理工伤保险行政案件若干问题的规定》第8条，社会保险机构不得以职工已向第三人提起民事诉讼为由，拒付工伤保险待遇（但第三人已经支付的医疗费用除外）。

当然，此处还可以有一个案例：赖××诉四川××能源装备制造股份有限公司工伤保险待遇纠纷再审案【四川省高级人民法院（2019）川民再236号判决】：一审、二审法院均根据《四川省人民政府关于贯彻工伤保险条例的实施意见》（现已废止），认定赖××无权要求××公司全额支付工伤保险待遇，××公司只应承担补足赖××七级伤残工伤保险待遇的责任。但再审法院认为，员工有权同时获得工伤保险赔偿和人身损害赔偿。即用人单位和侵权责任人均应当依法承担各自所负赔偿责任，即使该劳动者已从其中一方先行获得赔偿，亦不能免除或者减轻另一方的赔偿责任。

看来，除了当地明确规定不可同时享受的具体费用以外，员工因第三人侵权导致工伤事故的，人身损害赔偿和工伤赔偿可以同时享受。

真人真案秀之 ❶

# 半卷卫生纸引发的疑案 ①

## 真实案情

2010 年 8 月 28 日，王某下班时携带了从车间卫生间拿的多半卷卫生纸，经过 A 公司门时，被公司保安发现。保安另外在王某工具箱中查到电缆线两节、电缆线铜头两个，其他均为工具或个人物品。

王某在保安室写下自述材料，主要内容为："8 月 20 日，我从别的电焊机上私自截下三节电缆线，没有和任何领导打招呼，就私自放箱子里。大约一个月前，我私自从碳弧气刨钳上截了两米左右线缆，拿回家去了，也没有和任何人打招呼。26 日我从铆焊车间热处理炉附近的洗手间拿了三卷纸，拿回家两卷，没有和任何人打招呼。8 月 28 日，我想将剩下的最后一卷纸拿走，在厂门口让保安发现了。以上情况属实，本人愿意按照公司制度，同意立即解除合同。"

A 公司的《员工手册》于 2010 年 3 月 2 日经部分职工代表讨论通过。王某于 2010 年 4 月 10 日收到该手册，并签字确认"已认真阅读手册的具体条款，并愿意遵守公司的各项规章制度"。该《员工手册》劳动纪律管理部分规定了劳动纪律管理的基本原则、处理类型、细则、程序及纪律处分听证会等内容。

其中，处理类型分为口头警告、书面警告、立即解除劳动合同三类。第 9.4.2 条规定的给予书面警告处分的不良行为中第 2 项为"侵占公有财物，或者未经批准擅自携带公司财物出厂"，第 9.4.3 条规定的给予立即解除劳动合同处分的不良行为中第 6 项为"虚报、冒领财物，或盗窃公司或他人财物"。

---

① 案例来源：天津市第二中级人民法院（2011）二中保民终字第 209 号民事判决书。

2010 年 8 月 30 日，A 公司决定解除与王某的劳动合同，解除原因为"员工违反劳动纪律第 9.4.3 条中的第 6 项之规定"，解除类别是"合同期内严重违纪辞退"，王某于 2010 年 9 月 30 日收到"解除劳动合同通知书"。

## 🏛 庭审主张

**王某主张：**

1. 我在公司保安的欺诈、胁迫下书写了"承认私自拿走公司卫生纸、线缆，同意按照公司制度立即解除劳动合同"的自述材料，公司拒不提供当时的录像资料，应推定我说的是对的；

2. 我的行为属于使用废弃电线行为，不构成"盗窃公司财物"，不符合《劳动合同法》第 39 条规定的劳动者"严重违反用人单位的规章制度"之规定；

3. 实际上公司解除劳动合同是他们对我就回民餐问题多次越级反映的打击报复。

**A 公司主张：**

1. 王某盗窃我司财物有其自述材料证实，材料中不仅承认当晚的窃取行为，还承认了我司并不掌握的先前数次盗窃行为，这从侧面佐证了自述材料的真实性；

2. 王某没有任何证据证实我司对其实施了强制或胁迫，并且无论窃取的物品价值如何，只要是在未经公司批准的情况下私自携带出厂的，其行为性质都属于盗窃，依照公司规章制度，我司有权解除与王某的劳动合同；

3. 王某所述回民餐问题与解除劳动合同没有关系，故应驳回。

## ⚖ 裁判观点

**一审法院：**

王某、A 公司形成的劳动关系合法有效，双方的权利义务受劳动法律法规的保护和调整。劳动者严重违反用人单位规章制度的，用人单位可以解除劳动合同。A 公司的《员工手册》已经告知王某，可以作为处理双方劳动争议的依据。但该《员工手册》第 9.4.3 条中的第 6 项仅规定"虚报、冒领财物，或盗窃公司或他人财物"的行为性质，并未就盗窃数额、情节、过错程度、损害后果等做出区分，而立即解除劳动合同是最严重的处罚，仅凭行为性质而不考虑其他因素是不客观的，也是不公平的。

本案中，虽然在王某工具箱查出电缆线，但是该物品以及被保安发现的多半卷卫生纸并未脱离 A 公司的控制，王某携带出厂的仅有两卷卫生纸（非整卷）及一截约两米长的电缆线，无论从物品价值、情节、过错程度还是给公司造成的损害后果上看，均无法得出王某的行为严重违反规章制度的结论。

结合《员工手册》第 9.4.2 条中第 2 项规定的内容，该项亦未区分物品价值、情节及造成的损害程度等，两项规定均仅依据行为性质即给予"书面警告"和"立即解除合同"两种程度不同的处罚。在执行中难免出现处罚与行为不能相当的情况，因此《员工手册》第 9.4.3 条中的第 6 项的可操作性不强，A 公司依据此项规定对王某作出解除劳动合同的处罚不妥。

### 二审法院：

原审法院认定无论从物品价值、情节、过错程度还是给 A 公司造成的损害后果上看，均无法得出王某的行为严重违反规章制度的结论，并无不当。维持原判。

### 🎓 案例评析

企业通过规章制度实现对员工的管理，但并非所有通过法定民主程序制定的企业规章制度均为合法有效。部分法院涉及对企业制定的规章制度进行实质审理时，往往会考虑其合理性和必要性。

在本案中，半卷卫生纸引发的企业对员工处以最严厉的措施——辞退，对于劳动者是否公平可能各有说法。但是，对于企业来说，制定规章制度时除需考虑民主程序合法外，还需要对内容的合法性有更深层次的思考。

## 第三集

# 毕业了继续实习，
# 算实习还是算劳动关系？

　　我在麻辣烫公司的实习生涯，可以用一句古诗来概括，就是"春蚕到死丝方尽，蜡炬成灰泪始干"。好希望我的小宇宙快速燃爆，然后就能得到老板的赏识。听说我的领导黄花菜女士要找我谈话，我猜她大概是想给我提前转正，那么，转正以后多出来的工资，我可怎么花呢？

黄花菜：小九，我们说说心里话。

　　我：您一定是看到了我这段时间以来的优异表现，想让我直接
　　　　转正。

黄花菜：想多了，公司最近在控制成本，要缩减实习生的编制。

　　我：所以，我就提前转正了，谢谢领导。

黄花菜：你先听我说完好不好？我们吧，需要缩减实习生，而我们的实
　　　　习生呢，就只有你一个。

　　我：我知道只有我啊，当时不就是因为我的特立独行、一枝独秀，
　　　　你们才选择了我吗？我还记得您当时说，欣赏我的风格，看重
　　　　我的才华横溢。

黄花菜：你记错了吧？

　　我：没记错，这都是我从您的语气和神态中解读出来的。

**黄花菜：** 那你解读一下，我下一句话要说什么？

**我：** 等一下，我正在"加载"。

**黄花菜：** 那你可能得回家"加载"了，收拾一下东西准备走吧。

**我：** 嗯？去哪？听起来好像我是夏天的雨，说来就来，说走就走？

**黄花菜：** 唉，不管什么天的雨，该走都得走啊。

**我：** 雨和雨可不一样，"八月春雨贵如油"您没听说过吗？

**黄花菜：** 我听说过"六月飞雪"，可没听过什么八月的"春雨"。

**我：** "六月飞雪"刻画的是我的心情，"八月春雨"形容的是我的价值。

**黄花菜：** 有区别吗？

**我：** 区别可大了。六月我还没毕业，八月我毕业了。毕业了，我就不是一个学生，不是学生，也就不是实习生，那么，哪里还存在需要缩减的编制呢？

**黄花菜：** 唉？好像有道理，但又感觉哪里不对。

**我：** 您也可以理解为，实习生穿越变成了正式工。

**黄花菜：** 但不管你是实习生还是正式工，我们部门都没有编制了啊。

**我：** 那我还怎么在公司大展拳脚？

**黄花菜：** 其实，你也可以去别的地方大展拳脚。

**我：** 可是在我心里，早已把咱们公司当成自己的家了。

**黄花菜：** 你还是别把这儿当家了，不瞒你说，现在我们连工资都快发不出来了。

**我：** 反对。我的工资一个月只有八百，减掉这八百块的成本，并不能缓解公司发工资的压力。

**黄花菜：** 但留下你也创造不出比八百块更多的价值啊。

**我：** 创造价值，是需要一个过程的。我相信，经过我的努力，总有一天我会住豪宅、开跑车的。

**黄花菜：** 价值不是这么理解的吧？

**我：** 那我换个说法，公司是不是应该给我一些补偿？

**黄花菜：** 啥，你这个想法过于跳跃了吧？

**我：** 领导你看，我的工资比最低工资还低，我的劳动合同也一直没给我签，现在还要开掉我，也没给我个说得过去的理由……

**黄花菜：** 那你觉得该补偿多少？

**我：** "八月春雨贵如油"，我觉得我应该比油贵。

**我的内心在思考：**

实习生工资有下限吗？辞退实习生需要法定理由吗？毕业后继续实习，实习终止时公司要给补偿吗？

**敲键盘：**

在实习生以勤工俭学为目的而建立的劳务关系前提下，实习报酬不受劳动法调整，但各地对实习生招用存在专门指导意见的除外。

在实习生以勤工俭学为目的而建立的劳务关系前提下，实习协议的解除，依据实习协议的约定执行，约定了各方可以随时解除的，解除不需要理由。

学生毕业即不再符合勤工俭学的实习目的，无论全日制还是非全日制工作，只要符合劳动关系"从属性"的特征，大概率为劳动关系。劳动关系的解除和终止，在符合《劳动合同法》第46条时，应当支付经济补偿。

## 读书笔记 Day 3

## 签了劳务协议就不用上社保了？

劳动关系还是劳务关系还是没关系，总是傻傻分不清。听说，与员工签署劳务协议而不是劳动合同，就可以把劳动关系统统转变为"劳务工"，这样就不用缴社保了。真的吗？好学的我做了个总结。

司法实践中，并不会根据合同名称来简单地认定二者的关系。相反，会透过表象看本质，如果一份合同表面上冠以"劳务"之称，而从实际来看是"劳动关系"，还是会认定劳动关系成立。

那么，什么是实际上的劳动关系呢？

实践中，争议的焦点往往集中于"从属性"三个字。

上海市第一中级人民法院发布的《确认劳动关系纠纷案件的审理思路和裁判要点》，从以下诸项特征中进行"从属性"的认定。

（1）审查单位是否存在《员工手册》等具体化的规章制度、个人是否知晓这些规章制度并需要在日常工作中严格遵守。

（2）审查个人对工作安排的自主性，对于工作时间、场所、内容、方式等安排是否由单位指定或者需经其同意，是否需服从单位对工作日、上下班时间的安排等管理行为。

（3）审查单位是否对个人实行月／季度／年度考核、绩效考核等，是否根据个人的工作表现及考核结果对其进行相应奖惩。

（4）审查个人是否需接受单位的考勤管理（如上下班打卡），考勤结果是否与个人工资报酬有着直接而紧密的关联性，单位是否有相应的请休假制度并对个人产生约束力。

（5）审查单位对个人的用工过程是否进行了全程的监督、管理、控制。

劳动关系注重劳动提供的过程，但其他类似关系如承揽关系则更注重劳务提供的成果，至于如何达成最终成果则在所不问。

（6）审查个人的工资报酬是否稳定，是否并不参与单位利润分配。劳动关系中经营风险由用人单位承担，用人单位向劳动者支付的劳动报酬并非参与利润分配的结果，而是用人单位根据自身生产经营特点、经济效益和劳动岗位的不同依法自主决定的。

（7）审查个人的工作内容是否构成单位业务的组成部分，个人是否对外以单位名义从事相关工作。劳动关系中劳动者提供劳务的行为属于职务行为，其更多地以单位名义对外经营而非以个人名义，而在合作关系中，双方则更多地为己方利益履行相应义务。

（8）审查个人劳动的生产工具是否由单位提供，尤其应注意相应劳动所必备的生产工具，如送餐员及快递员所需要的电瓶车和手机、保洁员所需要的清洁工具等，以及服装、工牌等指示性工具。若生产工具均由单位提供，则构成从属性认定的积极因素。

（9）审查个人的收入是否主要或全部来源于单位。

虽然裁判要点来自上海法院，但思路具有普遍参考性。用工过程、岗位特性与上述标准契合的，还是应当客观地作为劳动关系对待。毕竟，不论对合同冠以何种花哨的名字，都无法改变用人单位与员工之间的劳动用工事实。

简言之，签"劳务协议"并不能规避缴纳社保的法定义务。

## 第四集

# 岗前培训不付工资可以吗?

　　我真的有女朋友。她的名字叫八鸽。听说我被麻辣烫公司炒鱿鱼了,她对我很绝望,说要和我分手,除非我在 15 天内找到一份体面的工作。我用 14 天做了一份周密的求职计划,在第 15 天,携带了 50 份个人简历来到CBD,开始扫楼。最终,在 CBD 30 公里以外的水果干文化传媒公司,炒栗子小姐接待了我。

**炒栗子:** 先和你说一下,我们这边呢,入职是要先培训的,培训时间是三个月,如果你最后能通过考试,就能正式录用了。

　　　**我:** 老师,那考试通过率是多少?

**炒栗子:** 从往年的数据看,通常不会低于百分之零,但是,也不会超过百分之百。

　　　**我:** 有参考书、模拟题和考试大纲吗?

**炒栗子:** 考试大纲是什么?能吃吗?实践才能出真知,我们会带领大家在工作岗位的真实场景中体验非凡的人生。

　　　**我:** 真实场景?怎么理解?

**炒栗子:** 真实场景,就是公交站、办公楼、保安、门卡、桌椅文具、同事领导,甚至你的工作任务,这些全都是真的。

**我：** 那不就是上班吗？

**炒栗子：** 肤浅。这和上班能一样吗？哪个单位允许你上班的时候体验生活？

**我：** 但我不想体验生活，只想上班。

**炒栗子：** 我们的培训就是让你全方位地体验上班的过程。而且，它绝不仅仅是一项普通的体验，更重要的是它的附加值。有句老话说得好，"培训自有黄金屋"。

**我：** 是说我的工资是用黄金发吗？

**炒栗子：** 什么工资？

**我：** 您不是说，全方位地体验上班的过程吗？那当然也包括体验发工资的时刻。

**炒栗子：** 哦，这个啊，我们暂时还提供不了这项体验……但是呢，你如果考试通过，能被我们公司录用，不就能体验发工资了吗？

**我：** 如果没通过怎么办？

**炒栗子：** 成功的路上必然不是一帆风顺的，你再接再厉，我看好你。

**我：** 谢谢老师。那么在培训期间，有没有补助或者补贴？

**炒栗子：** 你说的是培训费吧，原价6 888元，我看一下啊，你问的正是时候，史诗级巨惠秒杀价，最后20秒，现在下单，只需要998元。来，手机打开，扫我这个二维码。

**我：** 老师您以前是做直播的吧？

**炒栗子：** 那你来不来？

**我：** 不来，太贵了。

**炒栗子：** 真的贵吗？你就说，你觉得你自己还不值998元吗？

**我：** 我觉得不值。

**炒栗子：** 那你觉得你值多少？

**我：** 我觉得我现在还一文不值。

**炒栗子：** 那我回头给你走个特批，先不收培训费了，以后再从你工资里扣。

**我：** 那社会保险呢？公积金呢？培训期间都没有吗？

**炒栗子：** 你说的是午餐和往返交通费用吧，这个需要学员自理。

**我的内心在思考：**

岗前培训期间，"学员"和公司有雇佣关系吗？岗前培训可以收取培训费吗？岗前培训需要支付工资吗？

**敲键盘：**

如果符合劳动关系"从属性"的特征，大概率为劳动关系。

《劳动合同法》第9条规定："用人单位招用劳动者，不得扣押劳动者的居民身份证和其他证件，不得要求劳动者提供担保或者以其他名义向劳动者收取财物。"

如果具备雇佣关系特征，则单位应当支付工资。

读书笔记 **Day 4**

# 存在可以不支付工资的情形吗？

虽然我还只是在岗前培训阶段，但目光远大的我已经开始思索一些前瞻性问题。

**1. 单位决定录用，必须发 offer（录用通知）吗？**

offer 不是法定必需的，并非单位和个人建立劳动关系的前置条件。

**2. 入职前的"试岗期"可以没有吗？"试岗期"没通过可以不安排入职吗？**

单位需要一段时间的考察才能判断求职者是否符合自己的要求，这是个合理需求。法律给这个需求配备的制度是：试用期。试用期内如果员工不符合录用条件，单位可以单方解除劳动关系、无须支付经济补偿，且试用期包含在劳动关系期限内。所以，"入职前"的"试岗期"，或者说在双方建立劳动关系前的"试岗"并不符合法律规定，法律不允许单位在未建立劳动关系前"试用"劳动者，这属于法律在单位需求和劳动者保护间的平衡。

在湖南商塔网络科技有限公司诉谢某劳动争议案【见湖南省长沙市中级人民法院（2020）湘 01 民终 9007 号判决】中，单位主张员工自 7 月 24 日开始"试岗"，7 月 30 日入职，但法院仍认定自 7 月 24 日员工向单位提供劳动之日起，双方便建立了劳动关系。

所以，入职前的"试岗期"并不存在。相反，"试用"，也就是单位安排员工劳动、单位就此进行考察，本身就是双方建立劳动关系的标志之一。

**3. "试岗"不通过，可以按劳务费结算吗？**

劳务费对应的是劳务关系，所以这个问题实际是单位能否和求职者建立劳务关系。

这有一定的现实基础，举个例子：单位尚未决定录用求职者，但某个临时一次性事务急需用工，比如招聘外贸业务员的单位急需翻译一篇产品介绍。这种情况下双方可以就翻译产品介绍单独达成一次性劳务合作，就此结算劳务费也是合理的。

但实践中还有一些不规范的操作，比如单位内部录用审批流程长，但某项目急需用工，于是先行安排求职者从事和录用后无异的工作，最后因为审批未通过等对求职者不予录用。

此时能否按劳务费结算呢？

须知劳务关系可以得出按劳务费结算的结论，但按劳务费结算不能倒推出双方建立的是劳务关系。所以如果求职者的工作场景和录用后无异，那么不论是"按劳务费结算"，还是以问题 2 中提到的"试岗期"名义，均不改变双方之间建立的是劳动关系的事实。

而且，安排从事和录用后无异的工作本身，可以让求职者产生单位决定录用的合理期待，求职者很有可能拒绝了其他 offer 或者基于此做了其他安排，比如体检等。这种情况下如果最后未被录用，求职者基于合理期待产生的损失，需要单位来赔偿。

综上所述，未录用却先用工，不事先评估用工性质、不事先与求职者沟通，不但无法达到单位的预期效果，单位还有可能面临额外的赔偿。

# 年终奖该发还是不该发？①

## 真实案情

2013 年 3 月，范某与 A 公司签订劳动合同，合同约定："范某的工资按月发放，税后 45 000 元，另每月税后 40 000 元在年终一次性发放。A 公司根据公司的经营效益和范某个人的考核表现和业绩发放年终奖金，具体何时发放和发放数额完全由 A 公司根据其实际经营效益和范某实际绩效来确定。"

双方另签订岗位聘用合同，约定聘任范某为副总经理，工资为每月 45 000 元。在提供正常劳动的前提下，该工资为固定发放。奖金按照劳动合同的约定处理。

2015 年 3 月 10 日，A 公司解除范某的劳动合同。为此，范某提起了劳动仲裁申请和诉讼。2016 年 2 月 2 日，一审判决双方于 2015 年 3 月 11 日起恢复劳动关系。判决生效后，A 公司为范某重新办理了用工手续登记。

2016 年 2 月 5 日，A 公司向范某发出"证明"："兹证明范某于 2016 年 2 月 5 日上午至 A 公司人事部办理报到手续，具体工作范畴待春节过后再行商议。单位要求范某在家休息期间，薪资、福利等按 2013 年 3 月签订的劳动合同享有。"此后，范某一直未到岗。

现范某就 A 公司未发放 2014 年、2015 年的年终奖金、年终双薪提起了劳动仲裁及诉讼。

---

① 案例来源：上海市第二中级人民法院（2017）沪 02 民终字第 2860 号民事判决书。

## 🏛 庭审主张

**范某主张：**

公司应当向我支付年终奖金、年终双薪，理由如下。

1. 劳动合同中约定公司应当向我发放年终奖，但在实际履行过程中，公司是以年终双薪的名义向我发放的，且无须考核。

2. 公司书面确认我自 2016 年 2 月 5 日起工资待遇与劳动合同相一致，但公司实际并未按双方劳动合同的约定向我支付工资与福利待遇。

**A 公司主张：**

公司不应向范某支付年终奖金、年终双薪，理由如下。

1. 范某的劳动合同有别于一般的劳动合同，现双方劳动合同以及岗位聘用合同确定范某正常劳动工作的月工资为 45 000 元，另外的每月 40 000 元属于年终奖金。

2. 年终奖金，由我司根据员工的工作表现、企业经营状况以及考核等作出发放与否的决定，我司已履行支付义务。

3. 双方对于年终双薪未作约定。

4. 我司曾于 2016 年 2 月作出春节期间要求范某在家休息的意思表示，不代表范某在春节过后可以一直休息，且享有不到岗工作并领取薪酬的权利。

## ⚖ 裁判观点

**仲裁委：**

A 公司不应发放范某年终奖金、年终双薪。

**一审法院：**

1. 用人单位具有自主管理的权利，在生产经营中有权依据经营效益决定奖金发放。该规定只要不侵犯员工应享受的权利及违反双方的约定，依法有效。

2. 双方虽约定了年终奖金，但也约定 A 公司在确定范某享受该待遇时，应根据企业实际经营效益、范某个人的考核表现及业绩等相关条件，具体何时发放和发放数额由 A 公司予以评定。

3. A 公司未与范某确定年终双薪，范某也未提供 A 公司应当支付年终双薪的证据。

所以，A 公司不应发放范某年终奖金、年终双薪。

## 二审法院：

1. 范某主张年终双薪实为年终奖，其无须考核即应获得，因为年终奖是用人单位为了吸引人才，鼓励员工工作积极性采取的一项措施，法律对此没有强制性规定，属劳动合同双方自由协商的内容。

2. 依据双方劳动合同之约定，A 公司根据公司的经营效益和范某个人的考核表现和业绩发放年终奖，具体何时发放和发放数额完全由 A 公司根据其实际经营效益和范某的实际绩效来确定。

3. 范某所主张的年终双薪系奖金性质，故该笔钱款的发放标准、条件和程序应以劳动关系双方的约定为准，范某于二审期间亦未提供新的证据进一步支持其相应主张。

所以，A 公司不应发放年终奖金、年终双薪。

## 第 五 集

# OFFER 可以作废吗？

三个月太长，只争朝夕，在水果干公司的培训期间，我经过严格有素的训练，换桶装水只需要 70 秒，修复打印机卡纸只需要四分半。于是，水果干公司决定录用我。其中，最欣赏我的，当然是 HR 小姐姐炒栗子。

**炒栗子**：马上给你发 offer，岗位是助理，试用期薪资是 2 200 元，转正以后 3 500 元。

**我**：这个数字不对呀。

**炒栗子**：哪儿不对？

**我**：试用期的工资，不应该是转正工资的 80% 吗？如果转正以后 3 500 元，3 500 乘 80%，试用期应该是 2 800 元吧？

**炒栗子**：这说明公司福利好啊。试用期 2 200 元，转正以后，涨到 3 500 元，相当于一下就涨了 1 300 元，但如果试用期是 2 800 元，转正以后是 3 500 元，那就只涨了 700 元，一点惊喜都没有了，对不对？

**我**：感觉好像有哪里不对，那要这么说，如果试用期给我 100 元，转正以后，还相当于涨了 3 400 元呢，那不是更惊喜？

**炒栗子**：悟性真好！那我们试用期工资就愉快地定在一百块啦。

　　**我**：我还是觉得 2 800 元比较好。

**炒栗子**：那行吧，给你走个特批，就定 2 800 元了，不过，还要说明一点，你这个岗位，只招一个人，但我们给四个人发了 offer，你目前排在第四。

　　**我**：我的成绩不是第一吗？

**炒栗子**：你们四个并列第一。

　　**我**：那为啥我排第四？

**炒栗子**：做人不必太计较，总要有个先后顺序。

　　**我**：但我觉得，招一个人，发四个 offer，非常不经济。

**炒栗子**：是不经济啊，但我们招人也不容易啊。被"放鸽子"也不是一回两回了。

　　**我**：我用我女朋友的名字保证，我绝不会"放鸽子"。

**炒栗子**：你女朋友叫啥？

　　**我**：八鸽。

**炒栗子**：我看行，那就给你调到第一。

**我的内心在思考：**

试用期工资怎么付？ offer 可以想作废就作废吗？ offer 作废需要向候选人赔偿吗？

**敲键盘：**

《劳动合同法》第 20 条规定："劳动者在试用期的工资不得低于本单位相同岗位最低档工资或者劳动合同约定工资的百分之八十，并不得低于用人单位所在地的最低工资标准。"那么故事里，炒栗子的计算方法正确吗？这确实要看双方具体是怎么约定的。直接约定试用期工资是 2 200元，转正后是 3 500 元，肯定是不符合法律规定的。

Offer 可以想作废就作废吗？这取决于 offer 中是否写明了生效和失效条件。如果写了生效和失效条件，并且这些条件写得既清楚又合理，那么，单位可以按照 offer 写明的情况来执行。如果没有写生效和失效条件，那么，就需要具体情况具体分析了。如果单位一方能在取消 offer 之前，先获得候选人的理解和同意，避免争议，是最好的。

劳动关系的建立，以实际入职为准。Offer 的签发，不必然产生劳动关系。但候选人为该岗位的入职付出了必要成本的，可能需要单位承担，具体承担多少要根据双方提供的证明来判断。候选人一方需要证明，自己受到了什么样的损失；单位一方需要证明，单位对个人的损失，不存在过错。

**读书笔记 Day 5**

# 简历造假是个大事儿吗？

夜深人静之时，我回想自己的履历多少有些干瘪，是时候对自己的简历进行"高大上"的包装了。正当我准备奋笔疾书之时，突有疑惑，简历造假是个大事儿吗？

比如，简历上写的是"北京大学"，签合同后才发现是"北京的大学"，公司可以把这名新入职的门卫开掉吗？简历上填写了联系电话，但"您所拨打的号码是空号"，公司可以把这名处于试用期的程序员开掉吗？简历上写了具有批发零售经验，但隐瞒了这段经历中曾经因为在淘宝上售卖盗版箱包而被判处过罚金的记录，公司可以把这名已入职一年的健身教练开掉吗？

**1. 简历虚假，员工一定有错吗？**

有没有错，取决于员工有没有义务向公司提供个人的真实信息。

我来梳理一下重点。

（1）《劳动合同法》第 8 条规定："用人单位有权了解劳动者与劳动合同直接相关的基本情况，劳动者应当如实说明。"

问："与劳动合同直接相关的基本情况"都包括什么？

答：法律没有规定。没有规定意味着，不同的任职岗位存在不同的任职要求，对于不同的任职要求，"与劳动合同直接相关的基本情况"的范围也不同。

一位夜间大型货车运载司机，是否持有 B2 类驾驶执照、是否患有夜盲症，对于这个岗位来说，是需要直接考察的条件。但有没有直播经验，就显得不太重要。当然，如果我们需要的碰巧是既可以在白天做直播又可以在夜间驾驶大型货车的复合型人才，则另当别论。

如上，员工有提供真实信息的义务，但超出"与劳动合同直接相关的基本情况"范围的个人信息，员工可以选择是否提供。

（2）《劳动合同法》第26条第1款第1项规定："下列劳动合同无效或者部分无效：（一）以欺诈、胁迫的手段或者乘人之危，使对方在违背真实意思的情况下订立或者变更劳动合同的。"

问：虚假简历怎么定性？是胁迫吗？是乘人之危吗？是欺诈吗？

答：不是胁迫，也不是乘人之危。至于欺诈，这是个程度较重的表达，意味着对主观恶意作出了判断。忽略感情色彩，我们用"欺骗"这个词，显得更中立。意思就是，没说真话。

那么没说真话，是不是就构成了欺诈？

前面说过了，从"没说真话"到"欺诈"之间还有一段距离，这段距离需要用"恶意"来充实。即不说真话是为了"使对方在违背真实意思的情况下订立或者变更劳动合同"。

作为健身教练，不愿意主动提起青葱时期盲目追名逐利的往事，是隐瞒这段经历的合理解释。但运输司机伪造了驾驶本，就不太容易被大家接受。

因此，判断员工有没有过错，需要看未提供真实信息是否存在恶意。

但是，有没有恶意，是个心态，公司怎么能证明？

主观状态确实很难证明，但我们可以证明一些别的。比如去证明：公司所关注的信息属于"与劳动合同直接相关的基本情况"，不符合这些条件，则无法胜任岗位，也就是证明这些条件对于所任岗位的合理性与必要性。再比如去证明：公司已经充分向员工阐释了提供这些信息的合理性与必要性。在公司已经充分提示与阐释的情况下，员工依然不提供真实的信息，就不太合适。

经过激烈的思想斗争之后，我还是觉得适当地优化自己的简历没有问题，这不是"爱美之心，人皆有之"吗？然而出于好奇，我还是想知道，如果员工简历造假公司可以开掉他吗？

**2. 如果员工有错，随时可以解除劳动关系吗？**

要看员工的欺骗是否直接导致了公司在录用上的错误决定。也就是说，欺骗与录用之间是否具有必然的因果关系。

不解释，眼见为实，我们参考一些判决原文。

　　判决一："公司未提交证据证明招聘时对应聘者的学历已有明确的要求……员工的就学经历并非公司高薪聘用其担任公司重要职位的决定性因素，因此，员工应聘时未对就学经历作如实陈述，并不必然构成在订立及履行劳动合同上的欺诈。"[广东省深圳市中级人民法院（2015）深中法劳终字第5209号民事判决书]

　　判决二："公司提交一份2009年由员工签字的《入职告知书》，要求在两日内提供个人相关信息资料，包括学历、职称（含专业技能证书）……公司与员工签订书面劳动合同是在2012年，在此期间公司对员工不能提供上述学历及职称资料应该是明知的，但在试用期满后仍继续用工并与之签订劳动合同，说明其对员工的自身条件是认可的。"[江苏省盐城市中级人民法院（2014）盐民终字第2308号民事判决书]

　　判决三："公司对员工提供的存在明显虚假痕迹的文凭并未尽到足够的审查和辨别义务。而公司在与员工订立劳动合同前后，也未对员工的文凭是否真实进行审查与辨别。因此，在员工提供明显虚假的学历文凭应聘，公司均非不能辨别的情况下，公司与员工订立劳动合同，就不能认为不属于公司的真实意思。"[江苏省高级人民法院（2014）苏审二民申字第01548号民事判决书]

　　综上所述，如果用人单位对简历虚假持零容忍的态度，应当尽早表态，诚实信用是对双方的要求。

## 第六集

## 入职必须提供离职证明吗?

我接到炒栗子小姐姐的电话,排在我后面的三个人,全都"放鸽子"不来了,所以恭喜我,被水果干公司正式录用。接待我办理入职的,当然还是炒栗子姐姐。

**炒栗子:** 来,先过一下安检。手机、钱包、钥匙、电脑都拿出来,这个鞋和外套需要脱一下。

**我:** 鞋,确定要脱吗?

**炒栗子:** 那算了。不过这个矿泉水,你如果打算带进去,就麻烦先喝一口。

**我:** 咱们这是办入职还是办登机?

**炒栗子:** 主要是咱们公司禁止携带录音录像设备。

**我:** 我要是有本事把设备藏在水里,也就不用来咱们公司工作了,早就让科学院录取了。

**炒栗子:** 说的也是,原单位的离职证明你带了吗?

**我:** 您说的是麻辣烫公司吗?他们并没有给我开离职证明。

**炒栗子:** 不能等着他们给你开,你得主动要。

**我:** 我和他们要了,没给开。

**炒栗子：** 为啥？

**我：** 麻辣烫公司说，我在他们那儿只算实习，没有劳动关系，所以就没有离职证明。

**炒栗子：** 他们说没劳动关系，你就信了？

**我：** 我当然不信，所以我立刻就把他们告了。

**炒栗子：** 啊？有结果了吗？

**我：** 暂时还没有，但我不会放弃的。

**炒栗子：** 要不你不先别办入职了，等你这些事情都处理完了再说？

**我：** 您是说，这个职位给我保留，先支持我去打官司？贵公司真是福利好。那"留职"期间，停薪吗？

**炒栗子：** 太有想象力了吧？哪能等你那么长时间啊？你要是不能入职，这个岗位我们就只好重新招人了。

**我：** 我能入职啊，我不是已经来了吗？

**炒栗子：** 但你没有离职证明啊。

**我：** 我本人生龙活虎地站在这里，还比不上一份离职证明吗？为了应聘这份工作，连岗前培训我都毅然决然地参加了，也没跟你们要钱，这都不如一份离职证明吗？

**炒栗子：** 可参加培训也不能证明你从原单位离职了呀。

**我：** 我觉得您这有点形式主义啊，我和麻辣烫公司打官司跟你们也没关系吧。你可能是不想承担责任。

**炒栗子：** 这可不好说。如果我们录用了你，然后麻辣烫公司来告我们，万一我们还输了，咋办？

**我：** 我可以用实际行动证明，我已经和他们断绝了关系，比如到他们门口拉个横幅。

**炒栗子：** 这不好吧？你用这么大力气表决心，倒不如把这个精力用来说服他们，给你在离职证明上盖个章，既和谐又健康。

**我：** 好，那我先去刻个章。

**我的内心在思考：**

员工离职后，公司必须提供离职证明吗？不提供离职证明，可以办理入职吗？

**敲键盘：**

《劳动合同法》第 50 条："用人单位应当在解除或者终止劳动合同时出具解除或者终止劳动合同的证明，并在十五日内为劳动者办理档案和社会保险关系转移手续。"

《劳动合同法》第 89 条："用人单位违反本法规定未向劳动者出具解除或者终止劳动合同的书面证明，由劳动行政部门责令改正；给劳动者造成损害的，应当承担赔偿责任。"

《劳动合同法》第 91 条："用人单位招用与其他用人单位尚未解除或者终止劳动合同的劳动者，给其他用人单位造成损失的，应当承担连带赔偿责任。"

## 读书笔记 Day 6

## 解除劳动关系通知书是离职证明吗?

水果干公司要的那份离职证明，那张能够证明我和麻辣烫公司玩完了的纸，到底长啥样，我到现在也没见过。我不甘心。我自己未曾拥有，但并不能阻碍我看看别人的。

离职证明是啥? 辞职信、解除协议、解除劳动合同通知书，这些是离职证明吗?

需要先了解一下什么是解除 / 终止劳动合同。

说白了，就是单位或员工依据《劳动合同法》第 36～44 条的相关规定与对方说分手的行为。可以是员工提出，也可以是单位提出，还可以是双方同时提出。无论谁提出，都要有个书面文件。比如: 辞职信、解除协议、解除 / 终止劳动合同通知书。那么这些书面文件，就是离职证明吗?

答案是否定的。

两者的使用场景并不同。

《劳动合同法》第 50 条规定:"用人单位应当在解除或者终止劳动合同时出具解除或者终止劳动合同的证明，并在十五日内为劳动者办理档案和社会保险关系转移手续。"

离职证明的规范说法是"解除或者终止劳动合同的证明"，用来证明劳动合同已经解除或终止，是在劳动关系已经结束后才出具的，而辞职信、解除协议、解除 / 终止劳动合同通知书，都是在劳动合同结束前发出或签署的，正是这些文书的发出与签署，导致了劳动合同的结束。

一个是为了使劳动合同结束，另一个是为了证明劳动合同已结束。

它们的内容要求也不一样。

　　《劳动合同法实施条例》第24条规定："用人单位出具的解除、终止劳动合同的证明，应当写明劳动合同期限、解除或者终止劳动合同的日期、工作岗位、在本单位的工作年限。"

　　基于离职证明的功能，它的必备内容不包括离职原因，也不包括劳动合同解除的理由。但辞职信、解除/终止通知则必须要体现解除/终止劳动合同的理由和依据，这些理由和依据将用来判断解除/终止行为是否合法，一方对另一方是否要承担相应的责任。

　　综上所述，严格来讲，解除劳动合同通知书与离职证明不一样。但是否存在二者使用场景重叠的可能呢？

　　答案是肯定的。

　　比如，在员工因某些合理原因无法向新入职单位提供离职证明时，新单位有可能会通过员工提供的解除协议、解除通知书来判断员工已从原单位离职。尽管这种判断并不完全可靠，但仍然具有一定的证明作用。

　　又比如，单位没有向员工发出解除/终止通知，但却给员工出具了离职证明，员工依据离职证明主张自己的劳动合同已"被"结束，从而针对劳动合同解除的合法性提出质疑时，离职证明在这里就发挥了"导致"劳动合同结束的功能。

　　由此可见，这些文件和证明还是不要随意使用，否则很可能会发生未曾预见的后果。

真人真案秀之 ❸

# 上班时间能不能购物？①

## 真实案情

李某于 2010 年 11 月 18 日至 A 公司处工作并签订劳动合同，双方劳动合同到期日为 2014 年 11 月 17 日。

2013 年 5 月 2 日，A 公司进行公司制度大检查，发现李某存在在其办公电脑中安装"淘宝旺旺"聊天软件，并在工作时间多次点击"淘宝"购物网站和视频等行为。

A 公司认为，因上述行为违反 A 公司《奖惩规定》中多项条款规定，属于甲类过错，系严重的过错行为，故 A 公司于 2013 年 5 月 16 日，依据《劳动合同法》和公司《奖惩规定》等文件，以李某严重违反公司管理制度为由，解除与李某的劳动关系，李某同日签收解除劳动合同通知书。

李某向法院起诉，要求确认 A 公司的解除行为违法并支付违法解除赔偿金、代通知金等款项。

## 庭审主张

李某主张：

我有公司"2011 年度特殊贡献员工奖"和总裁签名的获奖证书，公司没有证据证明我上班期间浏览网页，我是被迫辞职的。公司的违法解除行为侵害了我的合法权益，应当赔偿我的损失。

---

① 案例来源：陕西省西安市灞桥区人民法院（2013）灞民初字第 2595 号民事判决书。

A 公司主张：

李某在工作电脑上安装"淘宝旺旺"软件，还在四个多月的工作时间中访问淘宝网站上万次，点击视频四百余次，甚至因为李某点击视频还造成公司网络系统瘫痪，严重影响了我司正常的工作秩序。不仅如此，我司还发现李某在给其他单位工作的证据。综上所述，李某严重违反公司《奖惩规定》，我司依据《劳动合同法》和公司《奖惩规定》与李某解除劳动关系是合法的。

## ⚖ 裁判观点

法院认为：

用人单位应当保障劳动者的合法权益，劳动者也应当遵守用人单位的劳动纪律和规章制度，为用人单位尽职尽责。劳动者严重违反用人单位的规章制度及劳动纪律的，用人单位可以即时解除与劳动者的劳动关系，无须提前30 日通知，无须支付经济补偿金。

本案中，A 公司提供的奖惩办法、纪律检查情况报告、淘宝网及视频网站访问记录（光盘及打印件）能够证明李某自 2012 年 12 月至 2013 年 4 月期间淘宝网站点击达一万余次，2013 年 1 月至 4 月视频点击四百余次。李某同时也认可其在工作期间下载与工作无关的软件、浏览淘宝网页的事实，并知晓公司的《奖惩规定》等规章制度。

所以法院认为，李某的行为确系严重违反了公司的规章制度，属于公司《奖惩规定》第 15 条规定的甲类过错，系严重的过错行为。故 A 公司与李某解除劳动关系的行为合法，不予支持李某的诉讼请求。

## 🎓 案例评析

上班时间能不能购物？这个是大家都存在疑惑的问题，特别是遇上"双十一""双十二"等购物节时，"满减定金"等优惠让大家很难抑制住立即"剁手"的欲望。

但是，既然是在公司且在上班时间内，则劳动者还是应当遵守公司的规章制度。如果公司规定禁止上班时间网络购物或观看与工作无关的视频，劳动者不应当故意违反上述规定，否则将承担相应的责任。

　　毕竟为了下个月"不吃土"，购物节购物不冲动，不论对身体还是对钱包都有益处。

## 第七集

# 换工作，入职时必须
# 提供离职证明吗？

自从入职水果干公司以来，我的主要精力都分配在一些细碎的工作上，至今还没有接触过与写作有关的任何内容。炒栗子说要约我谈一谈，看来公司终于认识到了对我的大材小用，要给我安排一些有挑战的工作了。

**炒栗子：** 九哥，是这样，找你聊一下呢，是因为公司打算开掉你。

**我：** 啥？栗子姐，你是不是太紧张说错了，你冷静一下，重新组织一下语言。

**炒栗子：** 我没紧张，是经过评估，你不太符合公司的录用条件。

**我：** 不可能，我不是早就通过岗前培训了吗？还需要啥条件？

**炒栗子：** 比如，你有潜水证吗？

**我：** 没有，我有学生证。

**炒栗子：** 比如，你有导游证吗？

**我：** 没有，我有毕业证。

**炒栗子：** 比如，你有记者证吗？

**我：** 没有，我有门禁卡。

**炒栗子：** 船员证、厨师证，这些你都有吗？还有出生证、结婚证？

**我：** 出生证是干什么用的？

炒栗子：出生证就是用来证明你出生了。

我：栗子姐，我这样一个生鲜大活人站在您面前，还需要证明我出生了？您是怀疑我其实只是一个智能移动客户端吗？

炒栗子：我也没办法啊，咱们公司就这么规定的，得看出生证。

我：可我妈说过，她把我出生证弄丢了，这个不能赖我。

炒栗子：那这个证咱们先忽略不计，但别的证，别的证你也都没有啊？

我：结婚证我倒是可以马上领一个，但话说结婚证又是干吗用的？

炒栗子：结婚证，必然应该是结婚用的呀。

我：对啊，所以，咱们公司是打算给我"包办婚姻"一下？

炒栗子：想得挺美。那么多相亲的都相不上，谁还给你"包办"？你现在的问题，不在于有没有结婚证，而是所有的这些证，你一个都没有啊。

我：但是您说的这些证，全都没什么用啊。

炒栗子：怎么没用？没用，为什么那么多人挤破头去考？而且是花钱去考？

我：可是我目前的工作，确实用不着这些证啊。

炒栗子：你目前都干啥？

我：收发快递、处理打印机卡纸、修灯管，以及换桶装水。

炒栗子：这样啊，那你原单位的离职证明交来了吗？

我：离职证明的事情，我们之前已经聊过好几次了，我要先去和麻辣烫公司打官司，可以说，这是一个未完待续的问题。

炒栗子：那你这还是不符合录用条件啊，我得再问问领导去。

**我的内心在思考：**

录用条件需要提前告知员工吗？不提供离职证明，是不符合录用条件吗？员工不提供离职证明，公司可以开掉他吗？

**敲键盘：**

录用条件是需要提前告知的。

提供离职证明并不当然成为录用条件。需要考察双方是否存在相关约定，且约定是否具有公平性与合理性。一般情况下，审查离职证明是入职前用人单位就应当完成的工作，在员工不能提供离职证明的情况下，用人单位依然决定录用，已经与"不符合录用条件"相矛盾。发生这种矛盾时，用人单位以员工不提供离职证明为由解除劳动关系，其效力有可能受到质疑。换句话说，就是：没有离职证明，应当不录用，而不是录用之后再解聘。

## 读书笔记 Day 7

### 开除必须提前通知吗?

麻辣烫公司抛弃我的时候，什么都没有给过我，离职证明没给过，更没给过什么"分手信"。但是我的好朋友都提醒我，被"分手"怎么也要提前通知一下的，而且至少要提前一个月，没有提前通知的，就应该给钱。

真是这样吗? 这激发了我对知识的渴望。

我的记忆力还是好的，我在上次的笔记里记过，"分手"，也就是劳动合同的结束，关系到《劳动合同法》第36～44条。我又仔细读了一遍法条，其中涉及"三十日"这个说法的，只有第37条、第40条以及第41条。

《劳动合同法》第40条规定，"有下列情形之一的，用人单位提前三十日以书面形式通知劳动者本人或者额外支付劳动者一个月工资后，可以解除劳动合同"。这里提出"分手"的一方是单位，"分手"的理由和依据要能够在第40条里找到。在这一条里找到理由的，单位需要提前30日通知员工，但也有个替代选择，那就是，额外支付员工1个月工资。

如果在第40条里找不到理由呢? 那就去其他条款里找。如果其他条款里也没有能用的理由呢? 那就是另外一个问题了——解除合不合法。这个问题我们今天暂且不表。

《劳动合同法》第37条规定："劳动者提前三十日以书面形式通知用人单位，可以解除劳动合同。劳动者在试用期内提前三日通知用人单位，可以解除劳动合同。"这里提出"分手"的一方是员工，"分手"是出于员工个人原因。这种情况下，员工需要提前30日通知单位。这里没有提供额外支付1个月工资的选项。

《劳动合同法》第41条中规定，"有下列情形之一，需要裁减人员二十人以上或者裁减不足二十人但占企业职工总数百分之十以上的，用人单位提前三十日向工会或者全体职工说明情况，听取工会或者职工的意见后，裁减人员方案经向劳动行政部门报告，可以裁减人员"。本条中的"提前三十日"是向工会或全体职工说明情况，而不是单独地通知员工本人。这里的"提前三十日"说明情况，是裁员程序中必不可少的一个环节。裁员程序的完成，除了这个环节之外，还有"向劳动行政部门报告"等其他环节。

"说明情况"不是"通知"，"通知"意味着通知到达对方后就会发生"分手"的法律后果，而"说明情况"只是让对方了解发生了什么事情，让对方能够预见到未来会有"分手"计划与方案。因此，这里的"说明情况"，也不能以额外支付一个月工资来代替。

劳动合同到期不续，需要提前30日通知吗？《劳动合同法》并没有这个要求。但在有些地区，比如北京、上海等，规定了单位以劳动合同到期为由终止劳动关系的，需要提前30日通知员工。

除上述情形之外，其他原因解除劳动合同，并不要求提前30日通知，也不要求额外支付一个月工资。

# 第 八 集

# 试用期可以延长吗?

俗话说，"周一不犯困，人生路白走"。但对我来说，这是一个伟大的周一，因为我的领导牛肉面老师要约我谈话，想必是我的试用期届满，要给我发一份正式的转正通知书了。

牛肉面：亲爱的小九，这边想跟你延长一下试用期。

我：为啥? 这不符合预期啊。

牛肉面：嗯，我也觉得你这个试用期不太符合公司的预期。

我：哦? 请举个例子。

牛肉面：这么说吧，你知道我对你的期望是什么吗?

我：这个，您没有对我讲过。

牛肉面：那你有目标吗?

我：有啊。

牛肉面：什么目标?

我：转正啊。

牛肉面：我是说，除了转正之外，有其他目标吗?

我：那就没有了。

牛肉面：你看，你没什么目标，我对你也没什么期望，你说这个试用期试了个啥？是不是试了个寂寞？我们把试用期重新安排一次，帮你树立一个目标，我对你也提出一些期望。

**我：**呃，您说的这些不是都应该体现在试用期里吗？为什么试用期都结束了，才开始讨论？

**牛肉面：**这个不重要，重要的是，你现在唯一的目标就是转正，如果现在就转了，你就没有奋斗的方向了。

**我：**您可以对我寄予新的厚望啊。

**牛肉面：**就是为了对你寄予厚望，才要延长试用期啊！

**我：**这……您是不是根本就不想给我转正啊？

**牛肉面：**你别着急，总得等你符合条件了。

**我：**我签的合同里面是写了试用期时间的，那这个时间就不算啦？

**牛肉面：**合同还不简单，我们再重新签一份就好了。

**我：**这不行吧？试用期不是不能延长吗？

**牛肉面：**也不能算是延长，咱们调整一下岗位，工作内容变了，试用期重新开始算，你看怎么样？

**我：**调整什么岗位？是要让我当组长了吗？

**牛肉面：**当组长不太容易，咱们部门现在已经有 8 个组长了，后面还有 20 个人在排队。

**我：**没关系，排队我不怕，等谁不是等，我可以在排队的时候一边刷小视频，一边啃煎饼果子。

**牛肉面：**咱们可以先找一个不用排队的岗位，比如从东区的 A-16 工位调整到西区的 C-20 工位。

**我：**这不是调整岗位，是调整座位吧？而且工作职责完全没变啊。

**牛肉面：**职责变了啊，从在东区换桶装水变成在西区换桶装水，严格来讲，你的工作量还减轻了，因为西区办公的人少，水也喝得少。

**我：**那涨工资吗？

**牛肉面：**涨什么工资？

**我：**我升职了为什么不涨工资？

**牛肉面：**升什么职？

**我：**干活少了，不就是升职了吗？

**我的内心在思考：**

如何确定试用期期限？试用期可以延长吗？

**敲键盘：**

《劳动合同法》第19条第1、2款规定：

"劳动合同期限三个月以上不满一年的，试用期不得超过一个月；劳动合同期限一年以上不满三年的，试用期不得超过二个月；三年以上固定期限和无固定期限的劳动合同，试用期不得超过六个月。同一用人单位与同一劳动者只能约定一次试用期。"

试用期延长到超过法定的最长期限，必然是不可以的。那么在法定期限内呢？比如签订4年的劳动合同，开始只约定1个月试用期，中途可以延长到3个月吗？一般来讲，这是明显不利于劳动者一方的变化，用人单位单方决定是不生效的。但与员工协商变更或延长是否可行？司法实践中的认识并不完全统一。从双向选择的诚信、公平和企业用人制度严肃性的角度，企业还是应该尽量避免试用期的随意延长。

## 读书笔记 Day 8

# 试用期你不知道的问题

我心里不平衡，为什么总是有过不完的试用期？试用期到底有什么用？经过通宵阅读，我找到了 10 个问题的答案。

**1. 试用期必须签订劳动合同吗？**

根据《劳动合同法》第 10 条，建立劳动关系，应当订立书面劳动合同。试用也是用，"用"，就等于建立劳动关系，因此，试用期应当订立劳动合同。

**2. 可以只签订试用期合同吗？**

根据《劳动合同法》第 19 条第 4 款，试用期包含在劳动合同期限内。劳动合同仅约定试用期的，试用期不成立，该期限为劳动合同期限。只签订试用期合同，意味着签了一份没有试用期的劳动合同。

**3. 试用期能不能约定 8 年？**

试用期的长短受到劳动合同期限的限制，请见下表：

| 劳动合同期限 | 试用期时长 |
| --- | --- |
| 3 个月以上不满 1 年 | 不得超过 1 个月 |
| 1 年以上不满 3 年 | 不得超过 2 个月 |
| 3 年以上 | 不得超过 6 个月 |
| 无固定期限 | 不得超过 6 个月 |

**4. 试用期能不发工资吗？**

根据《劳动合同法》第 20 条，劳动者在试用期的工资不得低于本单位相同岗位最低档工资或者劳动合同约定工资的80%，并不得低于用人单位所在地的最低工资标准。试用也是用，用了就要给钱。

**5.试用期可以不交社会保险吗？**

重要的问题已经说到第三遍，试用也是用，试用期的员工也是员工，试用期企业应当为员工缴纳社会保险。

**6.试用期可以暂扣身份证或者向员工收取履约保证金吗？**

根据《劳动合同法》第84条，用人单位扣押劳动者居民身份证等证件的，由劳动行政部门责令限期退还劳动者本人，并依照有关法律规定给予处罚。用人单位以担保或者其他名义向劳动者收取财物的，由劳动行政部门责令限期退还劳动者本人，并以每人500元以上2 000元以下的标准处以罚款；给劳动者造成损害的，应当承担赔偿责任。

答案是，不能扣押，不能收保证金。

**7.裁员名单里可以有试用期的员工吗？**

根据《劳动合同法》第21条，试用期中，除劳动者"有本法第三十九条和第四十条第一项、第二项规定的情形外，用人单位不得解除劳动合同"。而裁员的依据是《劳动合同法》第41条，属于"本法第三十九条和第四十条第一项、第二项规定"之外的情形，不适用于试用期的员工。

所以答案是，裁员名单中不得包含试用期的员工。

**8.试用期发现员工和领导"八字不合"，可以开掉他吗？**

"八字相合"作为试用期的录用条件，一方面从公序良俗角度难以得到支持，另一方面在保证劳动者平等就业权利方面也不具有表率作用。

**9.试用期员工有年假吗？**

《职工带薪年休假条例》第2条规定：机关、团体、企业、事业单位、民办非企业单位、有雇工的个体工商户等单位的职工连续工作1年以上的，享受带薪年休假。

如果试用期员工符合上述连续工作1年以上标准的，可以享有年假。连续工作1年以上，并不限制是否在同一家企业。

**10.试用期员工可以休产假吗？**

《女职工劳动保护特别规定》第7条规定，女职工生育享受98天产假，其中产前可以休假 15 天；难产的，增加产假 15 天；生育多胞胎的，每多生育 1 个婴儿，增加产假 15 天。女职工怀孕未满 4 个月流产的，享受 15 天产假；怀孕满 4 个月流产的，享受 42 天产假。该规定没有排除试用期员工，所以试用期员工仍然享有产假。

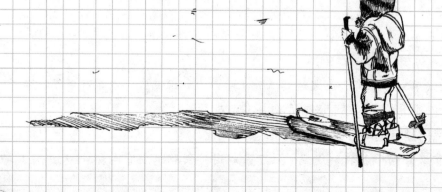

真人真案秀之 ④

# 下班后殴打同事，算不算违纪？①

## 真实案情

A 公司年会，李某与其上司贾某在酒后发生纠纷，李某将贾某打伤。经派出所调解，两人自愿和解，李某赔偿贾某 5 000 元，互不追究法律责任，且均不需要公安机关继续处理。

A 公司于次月向李某发送解除劳动关系通知。通知载明，因李某在公司年会会场殴打同事，A 公司依据《劳动合同法》及《员工手册》规定，与李某解除劳动关系。该通知由李某的妻子签收。

李某不服，提起劳动仲裁。仲裁委裁决 A 公司解除劳动关系违法。A 公司不服，向法院起诉。

## 庭审主张

李某主张：

公司把我开掉，这个处罚太重了，应当撤销这个处罚。理由如下：

1. 我没有在工作时间打人；

2. 我和贾某之间的事情已经在派出所解决了；

3. 我休病假了，病假期间公司不能随便开除我。

---

① 案例来源：北京市第一中级人民法院（2015）一中民终字第 1361 号民事判决书。

## A 公司主张：

我司解除合同的行为合法有效，理由如下：

1. 李某在年会现场殴打经理贾某，对团队内其他成员产生了恶劣影响；

2. 我司《员工手册》规定，"殴打他人或互相殴打者或挑拨打架者"，属于 C 类违纪，该类违纪属于严重违反公司的规章制度行为，公司有权根据《劳动合同法》第 39 条的规定给予其解除劳动合同的处理。李某学习并收到了这个《员工手册》；

3. 即使在员工休病假期间，我司仍可适用《劳动合同法》第 39 条规定解除劳动关系；

4. 年会是由我司组织、与工作相关的活动，年会期间属于工作时间，不能因地点不在我司就认定不适用公司规章制度。

## 🔨 裁判观点

**劳动仲裁委：**

李某殴打同事的时间为非工作时间，地点也非工作场所，因此 A 公司的《员工手册》不适用于李某与同事之间的纠纷，故裁决"撤销 A 公司的劳动合同解除通知书"。

**一审法院：**

1. 该纠纷发生的时间在李某下班后，发生地点不在 A 公司内，不属于用人单位规章制度的管辖范围。

2. 李某与同事在酒会上发生纠纷，双方已自愿达成和解协议，已由当地公安部门解决完毕。

3. 李某未因此事被依法追究刑事及行政责任。解除决定缺乏事实依据。

故判决"撤销 A 公司的劳动合同解除通知书"。

**二审法院：**

1. 李某与贾某已达成和解协议，互不追究法律责任，且均不需要公安机关继续处理，该民事纠纷已得到妥善解决。

2. 该纠纷发生的时间在李某下班后，发生地点不在 A 公司内。

3. 李某未因此事被依法追究刑事及行政责任，解除决定处罚过重。

故判决"撤销 A 公司的劳动合同解除通知书"。

## 案例评析

本案中，最终影响单位解除决定定性的因素是综合的，除了工作场所与工作时间的认定以外，还要考虑以下问题：（1）解除劳动关系，是用工过程中对劳动者最严厉的处罚，本案中劳动者行为是否达到了应当给予最严厉的处罚的严重程度？（2）公安机关主持下的和解行为，是否影响违纪严重性的评估？

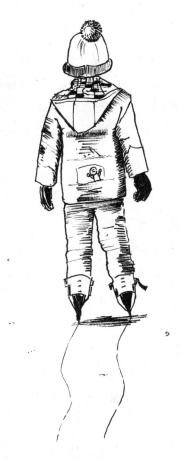

## 第九集

# 酒驾影响升职吗?

人还是要有梦想的,万一实现了呢?比如,我的老板牛肉面女士终于有一天读到了我在上学时发表的那几篇网文,决定同意我试用期转正啦!这使我的信心陡增。虽然组长的职位有很多人在排队,但副组长的职位,不给我,还能给谁?为了让牛肉面老师能够在副组长的候选人中首先注意到我,我为她选购了我的很多个人"周边",比如:九片薯片、九张纸巾、九根牙签。精诚所至、金石为开,一个月后,牛老师果然"发现"了我。

牛肉面: 小九,我们需要谈一谈。

我: 牛老师,我等这一天等了很久了,请讲!

牛肉面: 你如果吃不了就不要买那么多,每天帮你"打扫"这些垃圾食品,直接影响我的瘦身大计啊。

我: 牛老师,我选的这款薯片绝对是非油炸的,健康、清新,网红特价秒杀款。

牛肉面: 什么款连续吃一个月也会受不了的。

我: 这个您不用担心,等副组长的竞聘结束了,我就不买了。您接着说,说重点。

牛肉面: 说完了,我刚才说的全是重点。

**我**：啊？那副组长的任命书什么时候发呢？

**牛肉面**：早就发了啊。

**我**：不可能，我没收到啊？

**牛肉面**：又不是你，你当然收不到。

**我**：那发给谁了？

**牛肉面**：陈二啊，他已经晋升副组长半个月了，工位都从你旁边搬走了，消失这么长时间，你没发现么？

**我**：我以为他退休了呢。

**牛肉面**：二十多岁就退休？

**我**：那他没准是病退呢。

**牛肉面**：行行，咱们不讨论退休的事情了，你要没什么事就回去工作吧。

**我**：不行，我有事，为什么升副组长的是陈二？

**牛肉面**：为什么不能是他呢？他不抽烟不喝酒，也没有犯罪记录。

**我**：您的意思是，我有犯罪记录？

**牛肉面**：准确地说，是酒驾记录。

**我**：那次是搞错了，我当时喝的其实是藿香正气水。而且我开的是电动自行车，不是汽车，我连驾照都没有。

**牛肉面**：那就是不光酒驾，还无证驾驶？

**我**：我真是冤枉的，再说就算是真的，这跟升职有什么关系？

**牛肉面**：我们需要的是品学兼优的员工，你还要再努力啊。

---

**我的内心在思考：**

领导不让我升职，可以起诉吗？

**敲键盘：**

　　起诉是需要提出诉求的，诉求应当是具体的。如果诉求只是抽象的"要求升职"，从司法裁判角度来看就很难衡量与判断，"清官难断家务事"大致可以用来概括这种情形。但在诉求本身足够具体，并且存在明确的量化依据时，又不是一概不可诉的。比如，公司和员工双方针对即将晋升的岗位与待遇已经签订了书面协议，但公司方忽然反悔了，那么这份协议可以作为员工提出主张的明确依据。

## 读书笔记 Day 9

# 员工出庭作证，公司可以说不吗?

酒驾当然是不好的，违法犯罪的行为都应该拒绝，不仅如此，我还认为如果能做些什么帮助法庭理清事实、弘扬正义，也应该积极参与。比如前几天小区张嫂的宠物狗和李叔的宠物狗发生了激烈的战斗，各受伤害，张嫂李叔都扬言要起诉对方，如果国家需要，我一定要去作证是张嫂家的小狗先伸爪的。不过，单位对于我这种弘扬正义的行为会怎么看呢?

生产任务非常紧迫，员工出庭作证，单位能否拒绝?

单位拒绝，员工不来上班，能否算旷工?

员工不来上班，不算旷工，能否不发薪?

先看《民事诉讼法》第72条的规定:"凡是知道案件情况的单位和个人，都有义务出庭作证。有关单位的负责人应当支持证人作证。"

所以知道案件情况的个人出庭作证是一项义务，且单位负责人应当支持而不是阻碍。员工去履行法律要求的义务，自然也不属于旷工。

好吧，那么公司忍痛放行，但不发薪行不行?

再看《工资支付暂行规定》第10条的规定:"劳动者在法定工作时间内依法参加社会活动期间，用人单位应视同其提供了正常劳动而支付工资。社会活动包括:依法行使选举权或被选举权;当选代表出席乡(镇)、区以上政府、党派、工会、青年团、妇女联合会等组织召开的会议;出任人民法庭证明人;出席劳动模范、先进工作者大会;《工会法》规定的不脱产工会基层委员会委员因工会活动占用的生产或工作时间;其他依法参加的社会活动。"

显而易见，按上面的规定员工出庭作证单位是要发薪水的，而且要按正常提供劳动的标准。

　　从立法本意上来看，员工出庭作证，以这样的方式参与到国家维护公平正义的活动中，都属于依法参加社会活动，这是每个公民作为社会的一员所应尽到的社会义务，而这种社会义务被规定在法律中，便具有了强制力。同时，公司也是社会在经济层面的组成单位，也需要承担一定的社会义务，承担的形式之一便是允许员工履行自己应尽的社会义务，并且不以不发薪水等方式为此设置障碍。

## 第十集

# 员工可以拒绝背景调查吗？

我最近养成了一个习惯，每天早上先看一眼福布斯排行榜，如果没有看到自己的名字，那我再去上班。但是许多天过去了，就在我对排行榜几乎绝望的时候，我的领导牛肉面忽然亲自点名找我。

**牛肉面：** 小九，这个背景调查表，公司着急要，你马上填一下。

**　　我：** 我先看一眼啊，这个表有六百多项，都是必填项吗？

**牛肉面：** 对，都是。

**　　我：** 睡觉前先关灯还是先摘眼镜？这是必填项？

**牛肉面：** 对。

**　　我：** 吃葡萄吐不吐葡萄皮？这也是必填项？

**牛肉面：** 对，都是。

**　　我：** 我能拒绝填写么？这都是个人隐私啊。幼儿园班主任的星座是什么？这也是必填项？

**牛肉面：** 让你填什么就填什么。

**　　我：** 我怎么知道幼儿园班主任的星座是什么？

**牛肉面：** 你问一下你班主任不就行了。

**　　我：** 可是，我不知道幼儿园班主任是谁。

**牛肉面：** 问你同学。

……我给我的若干位同学发微信问了一圈，终于问到了一些线索……

**我：** 牛老师，原来，我们幼儿园的班主任，就是您爱人。您知道她的星座是啥么？

**牛肉面：** 这个问题你跳过吧，先不要填了。

**我：** 哦，那下一个问题是，我房东的年收入。可我通过中介租的房，没见过房东啊。哦哦，我知道了，我去问问中介！……查出来了牛老师！原来您就是我的房东，那您方便透露一下您的年收入吗？

**牛肉面：** 这都是什么题啊？谁给你的破调查表？

**我：** 您刚给我的呀。

**牛肉面：** 嗨，别填了，这份表你也拿出去碎掉吧！

**我的内心在思考：**

可以拒绝背景调查吗？背景调查的范围有什么限制吗？

**敲键盘：**

《劳动合同法》第8条规定："用人单位有权了解劳动者与劳动合同直接相关的基本情况，劳动者应当如实说明。"也就是说，与劳动合同直接相关的基本情况，员工有义务提供真实信息。背景调查作为核实真实性的辅助手段，有可能会触及个人信息。基于对个人信息的保护和合法使用，背景调查应当获得候选人的同意后再开展。候选人不同意接受背景调查的，单位不能实施调查，但单位也有权利决定，对不接受背景调查的候选人，是否还要坚持录用。

核实背景调查的信息仅限于与劳动合同直接相关的基本情况，不能超出合理性和必要性的范围。如果员工／候选人拒绝授权，单位不能强行调查。但，如果背景调查中的信息属于公开信息，比如公开的裁判文书，则无须个人配合，单位也可以核实。

读书笔记 Day 10

# 背景调查的迷惑操作大赏

公司要给我做的这个背景调查，越想越玄幻，我动用全身的每一块肌肉去理解它，居然发现背景调查这几个字天然带有一种迷惑：背景＝黑幕，调查＝鲜为人知，可能涉及工作经历合并、虚报工资收入、职业资格证造假……

那么，背景调查究竟是个啥？遍查法律规定，背景调查并没有一个专门的法律定义。为便于阅读理解，我姑且圈定下这个概念的范围：雇佣事务中的背景调查，俗称"背调"，一般来讲是指单位自行或通过第三方对人员的工作经历、学历、职业技能等必要的信息进行了解、核验的行为。

好了，基于这个概念，我继续围观了几个单位基于背景调查的操作。

**1.** 和员工约定在先，如果求职信息，比如简历、入职信息表不真实，单位有权立即解除劳动关系、不支付经济补偿金。之后，展开背景调查，查明确实存在不实信息，单位因此解雇员工。

这个操作如何？

答：过于武断。

解除劳动关系的一个基本常识是：解除事由法定，也就是说，双方自行约定的解除事由无效。有的同学说，这个我知道，而且我还知道解除事由有两种：单方解除和双方协商一致解除。所以我们就和求职者协商了呀，还达成了一致意见，就是信息不真实就可以解除，这种操作也属于协商一致解除吧？

非也。解除事由法定的意思是，只有法律可以赋予单位解除的权利。单位依据和员工的双方约定行使单方解除权，如果被允许，那就意味着单位解除的权利还可以来源于双方的约定，这与解除事由法定自相矛盾，所以这种操作并不被法律认可，是无效的。

那简历不真实居然都不可以解聘吗？

呃，这个问题是要具体分析的，参见我之前有关这个问题的读书笔记。

**2.《背景调查报告》显示求职信息不真实，单位便主张劳动合同无效。**

《劳动合同法》第26条规定，以欺诈、胁迫的手段或者乘人之危，使对方在违背真实意思的情况下订立或者变更的劳动合同无效。也就是说，单位想要主张劳动合同无效，需要证明：（1）求职者欺诈；（2）因为求职者欺诈，导致单位作出了错误的意思表示（录用）。

那么，《背景调查报告》显示求职信息不真实，可以得出以上两个结论吗？

（1）《背景调查报告》显示求职信息不真实 = 求职者欺诈吗？

《背景调查报告》不论是单位自行还是委托第三方作出的，均不具备公证效力，报告中的内容并不会直接被裁判机关认定为事实。根据《最高人民法院关于民事诉讼证据的若干规定》第10条的规定，有效公证文书所证明的事实或生效的裁判所确认的基本事实才无须当事人另行举证证明。也就是说，报告中的内容，还需要单位另行举证，比如主张学历造假，单位需要出示学信网上的查询结果等证据加以证明；比如"经与求职者前单位 HR 确认，求职者并未在前单位从事某职务"，如果单位想要证明这个事项，还需要这名 HR 出庭作证。

所以，显示求职信息不真实的《背景调查报告》并不能直接用来证明求职者欺诈。

（2）《背景调查报告》显示求职信息不真实 = 求职者欺诈导致单位作出了错误的录用决定？

单位在决定录用求职者时，考量了哪些因素？哪些核心信息不真实，单位便不会录用？这些内容属于单位的单方标准，与依托于求职者信息的背景调查无关。

综上所述，我可以得出一个结论：背景调查对于单位主张劳动合同无效，并没有直接的帮助。

**3.《背景调查报告》显示求职信息不真实，单位主张员工不能胜任工作。**

如上一条所说，《背景调查报告》的内容并不会直接被裁审机关认定为事实，那么假定单位另行提供了其他证据，证明了确实存在求职信息不真实的情况，此时单位可以主张员工不能胜任工作吗？

富士山火山爆发了，所以小明今天完不成作业了吗？同理，求职信息真实与否和工作能力也没有必然联系。

了解、核验拟录用人员的必要信息，应当发生在单位录用前的评估阶段，"录用参考"是背景调查的应有之义。如果求职者已经入职，已经向单位提供了劳动，那么便能够产生在本单位工作情况的客观评价。此时双方能否结束劳动关系，就不单纯是一个入职信息真与假的问题了。

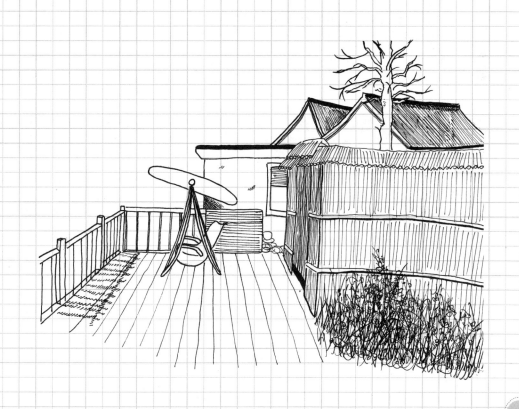

# 真人真案秀之 ⑤

# 在健身房晕倒能否认定工伤？①

## 真实案情

某员工中午在公司指定的健身房健身后晕倒，送医后经抢救无效去世。公司于 2018 年 12 月向某区人社局提交工伤认定申请。

2019 年 4 月 11 日，某区人社局作出不予认定工伤决定书，认为员工受到的伤害，不符合《工伤保险条例》第 15 条第 1 款第 1 项规定的"在工作时间和工作岗位，突发疾病死亡或者在 48 小时内经抢救无效死亡的"视同工伤的情形，决定不予认定或视同工伤。

公司不服，向法院提起行政诉讼。

## 观点展示

观点一：

《国务院关于职工工作时间的规定》第 3 条规定：国家实行职工每日工作 8 小时、平均每周工作 40 小时。该规定没有对员工健身时间是否纳入工作时间做限制，这意味着单位和员工可以约定。

本案中，用人单位主张：员工到公司指定的健身房健身，有助于员工缓解压力和恢复工作状态，目的仍然围绕着更好地开展工作，且整体上并未延长员工工作时间，所以应视为工作时间。

---

① 案例来源：北京市第一中级人民法院（2019）京 01 行终字第 1194 号行政判决书。

## 观点二：

健身房不属于工作时间和工作场所的合理延伸。

需要严格把握工作时间和工作场所两个重要判断标准。工作时间应当是员工正常在公司工作或因公司安排外出，执行公司事务的时间，并不包括与工作无关活动的时间。工作场所应当是与履行工作职责相关的合理区域，并不包括员工因个人原因所前去的地点。

本案中，员工是在健身房进行高强度锻炼时突发疾病，其行为已经超过工作的合理范围，因此应将健身行为视为已脱离工作状态。

## 🏛 庭审主张

### 一审阶段：

公司：员工是在工作时间内、工作岗位上发生工伤。

人社局：健身时间不是工作时间。

### 二审阶段：

人社局：高强度健身已经脱离工作状态，不是工伤。

公司：员工健身是我们认可的。

## ⚖ 裁判观点

### 一审法院：

员工事发当天，上午 8：50 在工作单位工作，中午 12：18 到公司指定的健身房健身，13：04 晕倒在更衣室，员工健身时间符合公司对于工作时间的规定，亦符合受公司控制和支配等要求，目的也是让员工为单位更好地创造效益，因此应当认定事发时属于工作时间。

员工事发时确实并未在其日常工作岗位内。但在公司规定了员工在公司指定的健身地点进行健身的时间属于工作时间，并约定 ×× 健身店是其场地的延展的情况下，员工去公司指定的地点健身并没有超出劳动者为恢复其应有的精神及体力所实施行为的合理限度，因此员工的上述行为不应视为与工作无关，可以认定事发时系在合理区域。

**二审法院：**

同意一审法院的认证意见。

## 📖 知识拓展

《最高人民法院关于审理工伤保险行政案件若干问题的规定》

第四条　社会保险行政部门认定下列情形为工伤的，人民法院应予支持：

（一）职工在工作时间和工作场所内受到伤害，用人单位或者社会保险行政部门没有证据证明是非工作原因导致的；

（二）职工参加用人单位组织或者受用人单位指派参加其他单位组织的活动受到伤害的；

（三）在工作时间内，职工来往于多个与其工作职责相关的工作场所之间的合理区域因工受到伤害的；

（四）其他与履行工作职责相关，在工作时间及合理区域内受到伤害的。

## 第二篇

# 雪天路况差，九哥要休假

# 第十一集

## 探亲假谁能休？

转眼，我已经在水果干公司工作了好几个月，今年又赶上国庆中秋连休，我和女友八鸽决定回老家探亲。

**我：**栗子姐，我需要休假。

**炒栗子：**马上就放假了。

**我：**国庆期间到处都堵车，我想错峰出行。

**炒栗子：**试用期员工没有休假的。

**我：**姐，你别看我傻，但有些事我还是明白的，比如，我已经不在试用期了。

**炒栗子：**上班不到一年的员工没有休假的。

**我：**呃，那么调休呢？我提前请三天，国庆再早点回，比如5号。

**炒栗子：**5号公司没人啊，你一个人来干啥？

**我：**那我休探亲假是不是比较科学？

**炒栗子：**到哪儿探亲啊？

**我：**燕郊。

**炒栗子：**这么近？坐地铁都快能到了。

**我：**我感觉探亲假不看距离，而且我们那里坐地铁不顺路。

炒栗子：你请几天？

我：20 天。

炒栗子：刚才不是说 3 天吗？今天都 27 号了，离国庆也不够 20 天了啊。

我：比如我节前请 3 天，节后 17 天？

炒栗子：这样感觉是在坐月子。

我：那算了，反正我也要努力工作，17 天我放弃了，就休 3 天。

**我的内心在思考：**

试用期员工可以休假吗？探亲假谁都可以休吗？

**敲键盘**：

《职工带薪年休假条例》第 2 条规定：单位的职工连续工作 1 年以上的，享受带薪年休假；职工在年休假期间享受与正常工作期间相同的工资收入。

本条重点在于"连续工作 1 年以上"，不区分在本企业"连续"，还是在多个企业"连续"。

《国务院关于职工探亲待遇的规定》第 2 条规定：凡在国家机关、人民团体和全民所有制企业、事业单位工作满一年的固定职工，与配偶不住在一起，又不能在公休假日团聚的，可以享受本规定探望配偶的待遇；与父亲、母亲都不住在一起，又不能在公休假日团聚的，可以享受本规定探望父母的待遇。但是，职工与父亲或与母亲一方能够在公休假日团聚的，不能享受本规定探望父母的待遇。

本条重点在于"国家机关、人民团体和全民所有制企业、事业单位""配偶""父母""但是"。

读书笔记 **Day 11**

## 有病就可以休假吗？

天有不测之风云，这两天八鸽偶感风寒，越发严重，便去医院看了，医生建议在家休息两天，八鸽就向单位请了两天假，结果单位不但不批准，还说要扣工资。身为八鸽最强后盾的我，必须在她最需要帮助之时，挺身而出，证明我的强大、可靠，于是我通宵达旦只为解答：有病就可以休假吗？

生命健康权是自然人的基本权利之一，在漫长的职业生涯过程中，每个人都难免遇到因病需要休假的情况，这个时候再要求员工保持和健康时一样的工作状态，显然是不符合公平正义的。

《企业职工患病或非因工负伤医疗期规定》第 2 条规定：医疗期是指企业职工因患病或非因工负伤停止工作治病休息不得解除劳动合同的时限。

《关于加强企业伤病长休职工管理工作的通知》第 2 条规定：要坚持和完善企业伤病职工的休假和复工制度。职工因伤病需要休假的，应凭企业医疗机构或指定医院开具的疾病诊断证明，并由企业审核批准。

《关于贯彻执行〈中华人民共和国劳动法〉若干问题的意见》第 59 条规定：职工患病或非因工负伤治疗期间，在规定的医疗期内由企业按有关规定支付其病假工资或疾病救济费，病假工资或疾病救济费可以低于当地最低工资标准支付，但不能低于最低工资标准的 80%。

从上述三条规定可以看出，当员工提供企业医疗机构或指定医院开具的疾病诊断证明，也就是常说的病假条等材料的时候，企业应当进行审核，为符合条件的员工批准病假并支付休病假期间的工资待遇。

但是，总有那么极小部分的员工利用法律法规提供的便利，做出如"小病大养""泡病假"等行为，严重损害了企业和员工之间的信任关系。那么企业该怎样面对员工的病假需求？

**1. 审核病假条的真实性**

病假条有没有医师签字或者医院盖章，签字的医师是不是真实存在的。如果核实后发现员工的病假条属伪造，企业可以要求员工重新提供，对于拒不提供的员工，企业可以根据其规章制度进行处理。

**2. 确认员工实际上是否在休病假**

（1）从实践层面来看，个别医院基于各种因素开具不符合实际情况的病假条，导致病假条建议休息的时间与企业的预期相差过大，或者员工确实通过正规途径拿到了病假条，但是没有按照病假条的医嘱进行休养。比如，员工请病假去旅游，在休病假期间发朋友圈晒旅游照，被企业以提供虚假信息、恶意欺骗为由解除了劳动关系。虽然事后该员工提供了诊断证明、病历手册、医疗费单据等材料，但仍被法院认定为违背企业规章制度和诚信原则，对用人单位的工作秩序和经营管理造成恶劣影响，最后判决企业解除双方劳动关系合法。

当然有判决就意味着有案子，有案子就意味着判决结果有各种可能性，有支持员工休病假期间旅游的吗？也是有的，但是比较少。

（2）从法律法规层面来看，国家规定医疗期，是为了保障生病需要休养的员工能有一个安静平和的环境，保障员工的生命健康权。国家法律法规不单是为企业制定的，也是为员工制定的，员工病假期间的行为应该符合病假事由以及病假条上的医嘱，否则就违背了法律法规规定医疗期的初衷，员工就存在"泡病假"的可能。

既没有无权利的义务，也没有无义务的权利。企业一方面应当为符合休病假条件的员工批准病假，为员工提供应有的保障；另一方面，企业也有权要求员工提供合理合法的病假条等申请材料，并对不符合要求的员工按照企业的规章制度进行处理，行使企业的用工自主权。员工在享有医疗期这一国家规定的福利待遇的同时，也应当遵守企业的规章制度和诚信原则，不能滥用自己的权利。

## 第十二集

# 事假可以不批准吗？

麻辣烫公司收到了劳动仲裁委员会的开庭通知书，通知书显示，有人告了他们，要求他们提供离职证明、支付离职补偿。猜猜这个人是谁？没错，就是机智勇敢的我。然而有一点小尴尬，开庭日同样也是工作日。

**我：** 栗子姐，我要请带薪事假。

**炒栗子：** 带什么？什么假？

**我：** 带薪事假。

**炒栗子：** 为啥？

**我：** 因为我年假、探亲假都没有。

**炒栗子：** 既然年假和探亲假都没有了，那有没有事假，你还不明白吗？还带薪？

**我：** 谢谢栗子姐，我现在就去写申请。

**炒栗子：** 回来，你怎么听不懂话呢。

**我：** 我听懂了，您的意思就是都没有年假和探亲假了，所以不好意思不给事假了。

**炒栗子：** 你咋就非得休假呢，认真工作不好吗？

**我：** 我一直都在认真工作，但我明天要去开庭。

**炒栗子：** 唉？你被人告了？是不是欠人钱不还啊？快给我讲讲。

**我：** 怎么可能？是我告了别人——麻辣烫公司，你知道的。

**炒栗子：** 还是那事儿啊？够无聊的。那你干嘛非得明天去开庭，你等国庆放假再去呗，还能顺便享受假期。

**我：** 大可不必，我不是那种贪图享受的人。

**炒栗子：** 看出来了，不贪图享受，只贪图请假。不过咱们的事假是不带薪的。

**我：** 那我明天的工资咋办？

**炒栗子：** 应该让对方赔你误工费吧？

**我：** 这个建议特别好。

**炒栗子：** 等一下，不对，咱们单位是不批事假的。

**我：** 那我必须去开庭咋办？

**炒栗子：** 估计算旷工了。

**我：** 但是，我是为了维护合法权益啊！

**炒栗子：** 你告的是咱们公司吗？

**我：** 不是。

**炒栗子：** 所以，也就是说，不是因为公司；也就是说，是你自己的私事；也就是说，公司没啥义务配合，对吧？

**我：** 哦，那如果我告的是咱们公司，是不是就不算是我的私事了？然后我就能请事假了？这好办啊，我马上去立个案。

**炒栗子：** 啊？立什么案？为什么立案？

**我：** 为了要求公司赔偿我的损失。

**炒栗子：** 什么损失啊？

**我：** 咱们公司不批事假，我不能去开庭，结果官司输掉了，我就有损失了啊。

**我的内心在思考**：

事假可以不批准吗？因为开庭而请假，可以主张"误工费"吗？因为开庭而不出勤，算旷工吗？

**敲键盘**：

事假可否不批，要看是什么事，真是急事，不批假可能会给员工带来相当大的损失，矛盾就必然激化。而无事生非特意"泡事假"，又另当别论。

至于误工费，尚无直接支持因劳动仲裁开庭而导致的误工费的明确法律依据，但如果作为损失来理解，也存在支持的可能。

因开庭而不出勤，也需要看开的是什么庭，正当维权的通常不适合按旷工处理。但有没有一些案子是无理取闹的？理论上是有的，这类情况算不算旷工，就比较复杂，因为要认定无理取闹本身就已经很复杂。

## 读书笔记 Day 12

# 下岗 VS 待岗，傻傻分不清楚

我爸最近跟我说他快下岗了，而我妈也说她快待岗了，为了避免被他俩一问三不知的尴尬场景，我决定提前学习：什么是下岗，什么是待岗？二者有什么区别？会不会影响我们家的收入？

"下岗"一词最早出现于20世纪90年代，现在经常被用来代表失业。

待岗是公司与员工保持着劳动关系，员工被动不提供劳动的一种状态。但是待岗并非一个法律概念，因此法律法规中没有对此有具体明确的规定。

因为法律法规没有对待岗作出明确规定，实践中有的公司对此作出了自己的理解，依据待岗对员工采取降薪策略。

有些单位认为以要求员工待岗的方式，就可以任意调薪，逼迫员工主动离职，从而躲避经济补偿金的少付、不付，或者认为只要其所属岗位不存在或公司效益不佳即可让员工待岗。

单位真的用对了待岗吗？

**1. 要求员工待岗的前提条件是什么？**

《工资支付暂行规定》第12条规定：非因劳动者原因造成单位停工、停产在一个工资支付周期内的，用人单位应按劳动合同规定的标准支付劳动者工资。超过一个工资支付周期的，若劳动者提供了正常劳动，则支付给劳动者的劳动报酬不得低于当地的最低工资标准；若劳动者没有提供正常劳动，应按国家有关规定办理。

从上述规定可以看出待岗的前提为非因员工原因导致单位经营困难、停工停产以及员工因此无法提供劳动。

**2. 待岗是否有时间限制？**

没有具体的规定，取决于单位的实际经营情况。

**3. 待岗期间工资怎么支付？**

《工资支付暂行规定》第12条对待岗期间的工资已作出明确规定。合法待岗分为三种情形：第一，员工待岗未超过一个工资支付周期，那么应按照原工资支付；第二，员工待岗超过一个工资支付周期，且正常提供劳动了，那么工资应不低于当地最低工资标准；第三，员工待岗超过一个工资支付周期，未正常提供劳动，那么可根据当地政策支付基本生活费，例如北京地区可按本市最低工资标准的70%支付劳动者基本生活费。

# 未经审批的离职补偿金，公司可以拒付吗？ [①]

## 真实案情

　　员工与公司 HR 经理商谈离职之后，HR 经理与员工签署了"解除劳动合同协议书"，并经财务总经理同意，约定支付经济补偿金 100 万元，加盖了公司公章。后来，公司以财务总经理无权审批大额付款为由主张协议无效，拒绝支付。

　　员工遂提起劳动仲裁及诉讼。

## 庭审主张

**一审阶段：**

　　公司：财务总经理与员工有利害关系；财务总经理无权审批经济补偿金；公司公章使用，须经董事长审批。"解除劳动合同协议书"上加盖的公章未经董事长批准，不符合公司用章规范，且无法定代表人审批同意的签字，该协议无效。

　　员工：我没有听说过这个审批程序，公司和我签的解除协议有效。

**二审阶段：**

　　公司：公司对签署补偿协议这件事情不知情，该协议是当事人之间恶意串通伪造的，公司不应承担责任。并且，该员工还被刑事拘留过！

---

员工：公司骗人，公司明明知道这个协议，还主动制止财务部给我发离职补偿金！我被刑事拘留和协议的效力有什么关系？

**再审阶段：**

公司：经济补偿金数额过大，审批人无权决定，该协议无效！

员工：都审批完了公司才说不能审批，不可以！

## ⚖️ 裁判观点

**一审法院：**

用人单位应就劳动者工资、奖金及支付情况负有举证责任。HR 经理作为公司的人力资源经理，其本人负有代表公司与员工进行劳动关系解除协商事宜的职责。鉴于财务总经理在公司所任职务，对于普通员工而言，财务总经理对解除补偿事宜的审核实则代表公司的确认。鉴此，法院认为，公司应按照由人力资源经理及财务总经理确认的"解除劳动合同协议书"中约定的金额向员工支付各项解除补偿金。

**二审法院：**

公司作为负有用工管理义务的用人单位，应当就劳动合同的解除原因及解除情况承担举证责任，员工作为普通劳动者与公司人力资源经理协商并经财务负责人确认签署了"解除劳动合同协议书"，应当视为员工与公司就劳动合同解除及补偿达成一致意见。现公司未能举证证明签署协议过程中存在恶意串通等情形，应当视为该协议书合法有效。

**再审法院：**

与二审法院意见一致。

## 🎓 案例评析

协议一经签署应当履行。在公司不能证明协议存在恶意串通情形时，仅以"审批权"欠缺为由否认协议效力的，大概率不会获得支持。

## 📖 知识拓展

《中华人民共和国民法典》

第一百七十条　执行法人或者非法人组织工作任务的人员，就其职权范围内的事项，以法人或者非法人组织的名义实施民事法律行为，对法人或者非法人组织发生效力。

法人或者非法人组织对执行其工作任务的人员职权范围的限制，不得对抗善意相对人。

## 第 十 三 集

# 在办公室可以吃螺蛳粉吗？

劳动仲裁委员会还是通情达理的，考虑到我请假不易，重新安排了周末仲裁庭。于是，我于 10 月 9 日愉快地探亲归来返回工作岗位。当然愉快的原因还有一个，就是我和八鸽订婚了。为了和同事们分享我的快乐，返工第一天，我给大家分发了一批刚刚到货的网红螺蛳粉。

**炒栗子**：你怎么发螺蛳粉啊？

**我**：因为我和小鸽子订婚了，想和大家庆祝一番。这就相当于螺蛳粉味的喜糖，呃，喜糖味的螺蛳粉？

**炒栗子**：这算不算投毒？

**我**：咋了栗子姐？您不喜欢螺蛳粉？这好办，还有臭豆腐、榴莲、韭菜盒子，您想吃哪个，我明天就给您带。

**炒栗子**：心意我领了，你自己留着吃吧。

**我**：免费的，您不用有顾虑，您是不是没钱了？尽管和我说。

**炒栗子**：怎么，你要接济我一下？

**我**：我可以给您讲讲，没钱的日子我是怎么度过的。

**炒栗子**：谢谢，不用了，现在的问题是，中午有人把你给的螺蛳粉打开吃了，还是用微波炉热的，这还能不能办公了？

**我**：哦，这样啊，那是他们自己决定吃的，我发的时候没让他们吃，并且，您看，我就没吃。

当天下午，公司门口张贴了一张告示："严禁在办公室服用螺蛳粉，否则按照严重违纪处理。"为响应公司新规定，我第二天没有再带螺蛳粉上班，但栗子姐还是看我不顺眼。

**炒栗子：** 你怎么还发起来没完了？

**我：** 又咋了栗子姐？我今天没发螺蛳粉。

**炒栗子：** 可是你发榴莲了啊！

**我：** 这个您也不喜欢？

**炒栗子：** 你可以发矿泉水、萨其玛、葡萄干，发创可贴都可以，但是为什么一定要发这么刺激的食物？

**我：** 呃，创可贴是不是也有特殊气味啊？而且我不爱吃葡萄干。

**我的内心在思考：**

公司可以规定不能吃螺蛳粉吗？员工屡次在办公室吃刺激性气味的食物，公司可以解聘他吗？

**敲键盘：**

不能吃螺蛳粉这个规定过于具体，排除不了吃榴莲、吃泡菜、吃韭菜盒子等后续的一系列可能，并且对特定食物的接受程度与个人偏好有关，规定某个特定食物不能吃，在合理性、必要性、统一性和公平性上都较难阐释。建议广泛规定为：不得在办公区域就餐。不区分食物种类，以摆脱规章制度制定时的主观局限。

同理，"刺激性气味"是个感官描述，因人而异，不易统一标准。

## 读书笔记 Day 13

# 单位有处罚权吗?

虽然公司没有因为我发放螺蛳粉和榴莲向我收取罚款，但是他们到底有没有权利对我罚款呢? 深夜阅读再次开启。

单位对员工有没有处罚权，目前有两类主流观点。

第一种观点：处罚权是单位对于员工的一种管理方式。现行法律法规对于单位是否有权对员工实施罚款未作规定，但并非单位就不享有处罚权。比如在重庆市高级人民法院（2017）渝 01 民终字第 7153 号判决中，法院认为罚款是单位对员工实行有效管理的手段，光靠做思想工作，单位的管理将成为一句空话。所以，基于保障单位进行正常、有效的劳动管理和单位管理的用意，在单位按照《劳动合同法》规定的民主程序制定规章制度并对此有明确规定的情况下，规章制度关于单位处罚权部分的规定应当合法有效。当然，法院也提出，必须对罚款数额作出一定限制，单位没有任意决定罚款数额的权利。

第二种观点：处罚权是行政执法部门的权利，单位无权行使。比如在重庆市第一中级人民法院（2015）渝一中法民终字第 3043 号判决中，法院认为罚款是行政处罚的手段之一，是行政执法部门对违反行政法规的个人或单位给予的行政处罚，其权力归属具有特定性，相对方承担的是行政责任，而本案被告 A 公司作为单位法人，无行使处罚权。

这两种观点，我更赞同第二种，理由有三。

第一，处罚权不具备法律基础。

2008 年 1 月 15 日发布的《国务院关于废止部分行政法规的规定》中，对《企业职工奖惩条例》的说明为："已被 1994 年 7 月 5 日中华人民共和国主席令第 28 号公布的《中华人民共和国劳动法》、2007 年 6 月 29 日中华人民共和国主席令第 65 号公布的《中华人民共和国劳动合同法》代替"。

由此可以看出，"代替"一词说明单位行使管理权的主要依据由《企业职工奖惩条例》变更为《劳动法》及《劳动合同法》，但这两部法律中均没有提及单位的处罚权。所以，单位行使处罚权于法无据。

当然，也有部分省市通过条例形式赋予了单位经济处分权，比如《深圳经济特区和谐劳动关系促进条例》第 16 条、《河北省工资支付规定》第 17 条。但这些内容是否与上位法相悖，仍有待商榷。

第二，单位拥有处罚权将偏离劳动法的立法旨趣。

劳动法属于社会法，立法目的中明确本法是为了保护劳动者的合法权益，调整劳动关系，建立和维护适应社会主义市场经济的劳动制度。所以，劳动法区别于民法调整平等主体的自然人、法人和非法人组织之间的人身关系和财产关系。

在劳动关系中，虽然双方订立有关劳动的契约，但这并不意味着双方是完全平等的关系。劳动者基于市场地位的选择，天然处于弱势地位。限制单位处罚权有助于维护劳动关系的和谐发展。

第三，处罚权并非单位仅有的管理手段。

除了罚款，单位还有很多方法可以对员工的工作进行管理。以考勤为例，迟到罚款，就不如设置"全勤奖"，本月未全勤，就不具备拿到全勤奖的条件，从而以奖代罚鼓励员工遵守规章制度。

当然规章制度和绩效考核都是更为复杂的一些问题，我打算以后再慢慢研究。但有一点现在就可以明确，那就是，我决定了，下次公司向我收取罚款的时候，我要大声说"不"。

## 第十四集

# 可以监控员工上网记录吗？

又是一年相识纪念日，我依旧非常发愁给小鸽子买什么。毕竟要想生活过得去，纪念日就得过得主动且积极。为了给小鸽子创造惊喜，我只能在上班的时候逛下各大电商网站，搜索一圈关键词。这充分引起了技术部同事西瓜籽的注意。

**西瓜籽：**兄弟，挑什么礼物呢？

**我：**给女……不对，你怎么知道我在挑礼物？

**西瓜籽：**你看你这一脸的慌张，肯定不是在干正事。

**我：**不干正事有很多种，你为什么没有猜别的事？

**西瓜籽：**这不重要，重要的是"直男斩""女友惊喜"这种关键词有点暴露品位啊。

**我：**这你都发现了？你是不是给我装病毒了？

**西瓜籽：**我没那么闲，你用的是公司电脑，就是单位的电脑，明白不？你逛了什么网站，打开了什么网页，下载了什么文件，看了什么电影，聊了什么天儿，后台全能看得见。

**我：**这样啊？你这是利用技术手段侵犯他人隐私吧，够犯罪了吧？

**西瓜籽：**谁的隐私？犯什么罪？要不是你为了省流量，蹭公司的网，我能看见吗?

**我：** 哦，那你看都看了，一定要做好保密工作哈。

**西瓜籽：** 估计来不及了，我们全部门都知道了。

**我：** 那不行啊，这属于商业秘密，你怎么能到处宣扬?

**西瓜籽：** 你看你就买了个东西，紧张什么? 而且你不还没付款呢吗?

**我：** 紧张和付款还有关系?

**西瓜籽：** 你没付款，就没输入付款密码吧? 你密码没被人看见，不就没什么损失么?

**我：** 你连我的密码都要看?

**西瓜籽：** 我就是不想看你的密码，才及时制止你，让你不要荒废，好好工作。

**我：** 我上网干什么，公司全能看见，令我无法安心工作啊。

**西瓜籽：** 有什么不安的? 若要人不知除非己莫为。其实你这都不叫事儿，听说，李四还搜索过"老婆家暴能不能离婚"呢。

**我：** 哦? 那，能吗?

**西瓜籽：** 能啥?

**我：** 离婚啊。

**我的内心在思考：**

公司是否有权监控员工的上网记录?

**敲键盘：**

这是个比较复杂的问题，需要了解电脑是谁的，是否专门安装了监控软件，安装结果、监控过程员工是否知悉，监控的时段和用途等。出于公司商业秘密保护和网络信息

安全的考虑而做出的不超过合理、必要范围的监管，在具有符合法律规定的规章制度依据的情况下，具备一定的正当性；超出合理必要范围，没有制度支持的，需要进一步考察具体情形。

## 读书笔记 Day 14

# 什么样的规章制度是有效的？

被技术部发现我上班"摸鱼"令我十分不爽，尤其是我摸了哪条"鱼"他们都门儿清！所以我决定进一步提高"摸鱼"技术，首先我需要先做到知己知彼。经过了解，可以确认的是：如果单位监控员工上网记录这事，在合法合理的限度内，并且通过民主程序规定在单位的规章制度中，就可能是有效的。因此我觉得有必要研究下"规章制度"这个东西，它看起来就像个筐，啥东西都能装。

规章制度是企业管理员工的"大宪章"，按照《劳动合同法》第4条的规定，规章制度有效的前提有二：一是程序上需要民主和公示，二是实体上不违反国家法律、行政法规以及政策规定。

**1. 是否规章制度未经民主程序就一定无法用来管理员工呢？**

非也。虽然《劳动合同法》在法律层面对规章制度的生效程序进行了明确的规定，但部分地区在司法实践中作出了灵活处理。比如广东省高级人民法院、广东省劳动争议仲裁委员会《关于适用〈劳动争议调解仲裁法〉、〈劳动合同法〉若干问题的指导意见》（粤高法发〔2008〕13号）第20条规定："……《劳动合同法》实施后，用人单位制定、修改直接涉及劳动者切身利益的规章制度或者重大事项时，未经过《劳动合同法》第四条第二款规定的民主程序的，原则上不能作为用人单位用工管理的依据。但规章制度或者重大事项的内容未违反法律、行政法规及政策规定，不存在明显不合理的情形，并已向劳动者公示或告知，劳动者没有异议的，可以作为劳动仲裁和人民法院裁判的依据。"也就是说，广东高院和仲裁委认为，规章制度在满足其他生效条件的前提下，如果仅缺乏民主程序，不存在明显不合理的情形，是可以作为裁判的依据的。浙江省高级人民法院《关于审理劳动争议案件若干问题的意见》（2009 年）第 34 条、深圳市中级人民法院《关于审理劳动争议案件的裁判指引》（2015 年）第 72 条、湖南省高级人民法院《关于审理劳动争议案件若干问题的指导意见》（2009 年）第 17 条等也有类似规定。

**2. 法院会从什么维度考量是否"不存在明显不合理的情形"呢？**

很遗憾，我检索了多个案例，发现绝大多数法院在判决书中并未对"明显不合理"的认定标准展开解释，而常以"该规定不存在明显不合理的情形"一笔带过，如史 ×× 诉深圳 ×× 超级市场有限公司劳动争议案【见广东省惠州市中级人民法院（2020）粤 13 民终字第 1946 号判决书】和田 ××、嘉兴 ×× 运输有限公司海宁分公司劳动合同纠纷案【见浙江省嘉兴市中级人民法院（2019）浙 04 民终字第 1703 号判决书】。我倾向于认为这意味着"不存在明显不合理的情形"采用的是"常理判断"标准，具体点说就是未超出一般劳动者可期待的范围。比如陆 ×× 诉 ×× 餐饮设备安装技术服务（中国）有限公司劳动合同纠纷案【见广东省江门市中级人民法院（2019）粤 07 民终字第 1439 号判决书】中，单位要求员工在发现亲友和单位有业务联系时应主动申报并回避，劳动者认为该规定"明显不合理"，但法院认为，该要求属于员工需遵守的忠诚义务，是诚实信用原则的具体体现，员工的主张理据不足。诚实信用、忠诚，符合常理判断标准，是能够为一般劳动者所期待的要求。

**3. 无效的规章制度还能管理员工吗？**

首先看看上海地区的两个判例。

甘 ×× 诉上海 ×× 文化传播有限公司劳动合同纠纷案【见上海市第二中级人民法院（2014）沪二中民三（民）终字第 873 号判决书】中，员工认为单位的规章制度没有经过民主程序，是不合法的，但法院认为员工签收了该规章制度、没有提出异议，且"该管理制度汇编中关于员工违纪处罚及解除劳动合同的内容亦未违反法律禁止性规定，故甘 ×× 主张 ×× 公司的规章制度不能作为解除劳动合同的依据，本院不予采信"。

曹 ×× 诉上海 ×× 印刷设备制造有限公司追索劳动报酬纠纷案【见上海市金山区人民法院（2014）金民三（民）初字第 229 号判决书】中，法院认为：单位未提供证据证明其员工手册及员工须知系经过上述民主程序制定的，故不能作为本案审理的依据。

如上，同一个城市的法院，在认定该问题的态度上却并不相同。

同时，在前述高院指导意见中已明确"不存在明显不合理的情形"可以作为裁判依据的广东地区，也有个案未适用该指导意见，作出相反判决。在钟××诉××酒楼劳动合同纠纷案【见广东省惠州市中级人民法院（2018）粤13民终字第2079号判决书】中，法院认为："××酒楼未提供证据证明其制定的《员工手册》《外卖部岗位职责》涉及劳动者切身利益的规章制度或重大事项有经过职工代表大会或者全体职工讨论等民主程序制定……但不能据此为由认定上述有关规章制度程序和内容符合法律规定，也不能以上述有关规章制度作为解除劳动合同的合法依据……"

一会儿能，一会儿不能，如果站在单位的立场上说，单位在制定、修改规章制度时还是经过民主程序更保险一些。

# 老板批准的加班，为啥判决不给加班费？[①]

## 真实案情

吴某因在职期间同时为竞争对手 B 公司提供劳动，而被 A 公司解除劳动合同。吴某认为 A 公司的解除违法，且自称从 2017 年 8 月 1 日至 2018 年 1 月 31 日存在休息日加班情况，并对 A 公司提起诉讼，要求支付违法解除赔偿金、加班费。

## 双方证据

A 公司：一份吴某的录音。内容为："你就说我是 B 公司的，我们是 A 公司的服务分销商，我们经营的产品不少，让他看一下画册……"

吴某：上级（杨某某）签字批准的加班申请单、工作面谈笔录。

## 庭审主张

A 公司：录音证明吴某上班时间为 B 公司提供劳务，严重违反我司劳动纪律。

吴某：我承认有这个录音，但不是在为 B 公司服务，而是在做业务模拟。

吴某：我有老板签字批准的加班申请单、工作面谈笔录，证明我加班。

A 公司：吴某的上级是杨某某，这些加班申请都是杨某某签字的。杨某

---

① 案例来源：北京市第三中级人民法院（2020）京 03 民终字第 7186 号民事判决书。

某是 B 公司的实际控制人，B 公司的法定代表人就是杨某某的妻子汪某。吴某在上班时间协助杨某某开展个人商业活动。这个加班申请单是伪造的，申请单时间跨度长达 6 个月，但吴某和杨某某的签字位置、笔墨浓度、笔墨粗细完全相同，不符合常理。他的签字我们公司不认可。

## ⚖ 裁判观点

一审法院：

吴某在录音中的表述，可以认定吴某为 B 公司推销与 A 公司形成利益冲突的产品，构成严重违纪；吴某所述其在录音中系业务模拟的述称意见，明显不符合常理，一审法院不予采纳。A 公司解除与吴某的劳动关系合法。

因上司杨某某为 B 公司法定代表人汪某的配偶，且与吴某因同一事由被 A 公司解除劳动关系，故认定杨某某为利害关系人，对其签字同意的吴某加班申请单不予采信。因此不支持吴某的加班费诉求。

二审法院：

与一审法院认定一致。

## 🎓 案例评析

利害关系、明显不符合常理，均可以成为否定证据可信度的因素，并非有签字就万事大吉。实事求是，才是硬道理。

## 第 十 五 集

# 请假 1 小时，扣一天工资可以吗？

八鸽出差在外，她安装在家里的实时监控显示，她的荷兰猪的一条粗腿卡在了草架和厕所中间的缝隙里，需要紧急救助，八鸽委托我伸出援手。

**我：** 栗子姐，我需要请一会儿假。

**炒栗子：** 一会儿是多会儿啊？

**我：** 一个小时吧。

**炒栗子：** 干嘛去啊？

**我：** 我女朋友的荷兰猪，它的一条腿卡在了草架和厕所之间。

**炒栗子：** 你慢点说，是你女朋友卡了，还是猪卡了？

**我：** 是荷兰猪的腿，卡了。

**炒栗子：** 哦，那不用担心，我可以证明你当时并不在场，等警察来了，我会和他们说，不是你干的。

**我：** 荷兰猪说，这事它不想报警，只要我现在回家把那个草架卸下来，它的腿就能出来了。

**炒栗子：** 这你可得想好了，请一个小时假，要扣除全天工资的。

**我：** 啥？我又不是不回来了，我回来还可以再连续工作 7 小时，甚至还可以再加班 5 小时。

炒栗子：加班倒不必。不过我也没辙，咱们的制度就是这么规定的。

我：那我不请1个小时了，我就请五分钟。

炒栗子：一会儿一小时，一会儿五分钟，你有没有谱啊？

我：我救荷兰猪用5分钟，往返用54分钟。

炒栗子：那不还是1小时么？

我：不，是59分钟，所以，我临时决定不请1个小时了，只请59分钟。

炒栗子：呃，咱们公司请假的最小单位是1小时。

我：这不科学。

炒栗子：……这个规定也是为了表达公司不鼓励频繁请事假的态度。你看这个逻辑它是这样的：你出去干啥？为了私事吧？为了私事就是和公司没什么关系吧？和公司没关系，是不是可以不批准啊？所以公司连不批准都可以……

我：明白了，那我直接请一天吧。

**我的内心在思考：**

请假1小时，扣一天工资可以吗？公司可以限制员工请假时间的最小单位吗？

**敲键盘：**

1小时≠1天。扣一天的工资，无法解释这一天里的其他时间付出了劳动但不支付工资的合理性。

至于限制请假时间的最小单位，未检索到明确禁止性规定，需要结合具体考勤方式，围绕其合理性进行判断。

## 读书笔记 Day 15

## 医疗期你不知道的问题

解救一名小动物已经不能打动公司了，他们居然对我施以"扣一天工资"的"重罚"，我不禁未雨绸缪，这要是我生病了需要请假，除了瑟瑟发抖地祈祷这不会发生之外，我能有啥保障？于是我忧心忡忡地开始学习"医疗期"。

**1. 医疗期是啥？**

《企业职工患病或非因工负伤医疗期规定》第 2 条规定："医疗期是指企业职工因患病或非因工负伤停止工作治病休息不得解除劳动合同的时限。"

《劳动合同法》第 42 条规定："劳动者有下列情形之一的，用人单位不得依照本法第四十条、第四十一条的规定解除劳动合同：……（三）患病或者非因工负伤，在规定的医疗期内的。"

《劳动合同法》第 45 条规定："劳动合同期满，有本法第四十二条规定情形之一的，劳动合同应当续延至相应的情形消失时终止。但是，本法第四十二条第二项规定丧失或者部分丧失劳动能力劳动者的劳动合同的终止，按照国家有关工伤保险的规定执行。"

也就是说，医疗期＝解雇保护期，立法限制了保护期内单位可以和员工结束劳动关系的事由：（1）单位不得依据《劳动合同法》第 40 条（"无过失性辞退"）、第 41 条（"经济性裁员"）与员工解除劳动关系，但并不限制以第 39 条（"过失性辞退"）解除。（2）医疗期内劳动合同到期也不能终止，需要顺延到医疗期满或医疗终结。

**2. 医疗期有啥待遇？**

原劳动部《关于贯彻执行〈中华人民共和国劳动法〉若干问题的意见》

第 59 条规定："职工患病或非因工负伤治疗期间，在规定的医疗期间内由企业按有关规定支付其病假工资或疾病救济费，病假工资或疾病救济费可以低于当地最低工资标准支付，但不能低于最低工资标准的 80%。"

也就是说，医疗期内，可以带薪停工治疗，薪资标准不低于当地最低工资的 80%。

### 3. 怎样才算进入医疗期？

回顾之前提及的《企业职工患病或非因工负伤医疗期规定》第 2 条，医疗期是指企业职工因患病或非因工负伤停止工作治病休息不得解除劳动合同的时限。也就是说，如果员工需要停工治疗，便可以主张进入医疗期。

那么，进入医疗期需要单位批准吗？通说认为，停工治疗涉及员工的身体健康权，单位没有合法、合理理由不应单方拒绝。

### 4. 医疗期多长？

按照《企业职工患病或非因工负伤医疗期规定》第 3 条的规定，医疗期是根据员工实际参加工作年限和在本单位工作年限综合确定的，总结如下表。

| 实际工作年限 | 10 年以下 | | 10 年以上 | | | | |
|---|---|---|---|---|---|---|---|
| 本单位工作年限 | 5 年以下 | 5 年以上 | 5 年以下 | 5 年—10 年 | 10 年—15 年 | 15 年—20 年 | 20 年以上 |
| 医疗期 | 3 个月 | 6 个月 | 6 个月 | 9 个月 | 12 个月 | 18 个月 | 24 个月 |
| 累计病休时间 | 6 个月 | 12 个月 | 12 个月 | 15 个月 | 18 个月 | 24 个月 | 30 个月 |

这里突然出现一个新概念——"累计病休时间"，这就是那个常把大家搞晕的"小妖精"，我们来"翻译"下上面这张表格。

医疗期虽然是以"月"计，但并不必然是一段连续的时间，而是可以连续，也可以不连续。它是在一个周期内累计计算的，累计的周期就是"累计病休时间"（下文有具体的计算方法）。也就是说，在"累计病休时间"里，医疗期就这么些，用完就没了。

上海市还有话说：我们这儿比较特别。

上海市人民政府《关于本市劳动者在履行劳动合同期间患病或者非因工负伤的医疗期标准的规定》（沪府发〔2020〕16 号）第 2 条规定："医疗期按

照劳动者在本用人单位的工作年限设置。劳动者在本单位工作第 1 年，医疗期为 3 个月；以后工作每满 1 年，医疗期增加 1 个月，但不超过 24 个月。"

也就是说，上海市不以实际工作年限和在本单位工作年限来确定医疗期的长度，而是根据员工在本单位的工作年限来确定。

**5. 医疗期咋算？**

医疗期咋算，是个有争议的问题，大致有两种算法。

以我为例，按照实际工作年限和在本单位的工作年限，应享受 3 个月医疗期，即可在 6 个月内累计病休 3 个月。

先看第一种算法。

1. 假设我从 2021 年 3 月 5 日起第一次请病假，那么在 3 月 5 日到 9 月 4 日这 6 个月的时间（这就是"累计病休时间"）内，我可以享受 3 个月医疗期。

2. 3 月 5 日到 9 月 4 日期间，无论我有没有休满 3 个月，到了 9 月 5 日，这一个医疗期都归零。

3. 假如我 2021 年 9 月 5 日再次病休，那么从这一天到 2022 年的 3 月 4 日（另一个"累计病休时间"），我仍享有 3 个月医疗期。

哇，这也太划算了吧？虽然我眼睛不好，但我还是能看出来的，这种算法十分容易"泡病号"啊。如果我每次都请两个月零二十多天的病假，回来之后坐等清零，然后接着休……公司简直是可以兼职做慈善了。

但是，经过我的调查，支持这种算法的，只是少数，下面这种才是主流算法。

第二种算法：劳动关系存续期间，任意 6 个月内，如果员工累计病休达 3 个月，那么医疗期满。不存在清零。

没看懂？继续以我为例。

假设我先请了一次病假，从 2020 年 3 月 5 日至 4 月 2 日（不到 1 个月），回来上班几个月之后，又请了一次病假，从 2020 年 7 月 5 日至 10 月 4 日。

如果按照第一种算法，我在 3 月 5 日至 9 月 4 日之间，休假的总时长不够 3 个月，那么应该从 9 月 5 日起重新计算医疗期。9 月 5 日至 10 月 4 日，我的医疗期只消耗了 1 个月。

但如果按照第二种算法，我在 7 月 5 日至 10 月 4 日之间，已经休了 3 个月，这意味着我的 3 个月医疗期已全部消耗完。

很明显，在第二种算法中，要想"泡病假"，就要比在第一种中难度大得多。

漫漫打工路，谁知道啥时候会遭遇几次不测风云呢，所以劳动关系存续期间医疗期可以有几次？再瞅一眼上面的算法，提到过次数限制吗？并没有。通说认为，医疗期的计算和请病假的次数没有直接的关系。

# 第十六集

## 白天不懂夜的黑

公司突然要举办创作大赛，比赛的内容，是写一篇原创文章，题目不限，字数控制在一千字以内。于是，我挑灯夜战，以我的领导牛肉面为原型，创作了一篇人物简介，题目是《我的老板牛老师》。

**我：** 牛老师，您看我的稿件质量如何？

**牛肉面：** 非常好。

**我：** 哦？比如说好在哪里？

**牛肉面：** 首先这个题目就非常好。

**我：** 过奖了，那么其次呢？

**牛肉面：** 其次……具体内容我还没有来得及看哈。

**我：** 那您抓紧时间看，有什么意见，尽管提出来，我再去修改。

**牛肉面：** 那你先修改，等修改好了，咱们统一看。

**我：** 那我能预支这个月的加班费吗？昨天熬夜写稿，家里欠电费了，我都是点蜡烛写的。

**牛肉面：** 你不是从来一到六点就跑得比兔子还快吗？哪来的加班费？

**我：** 我昨天加班写稿，写了整整一宿。粗略估算，加班时间也有25

个小时。

**牛肉面：**你从几点写到几点，能算出来一宿等于 25 个小时？

**我：**加上今天晚上，应该可以凑够 25 个小时。

**牛肉面：**为什么还有今天晚上？

**我：**我不是还得修改呢吗？

**牛肉面：**你为什么一定要晚上修改？

**我：**白天我没时间啊。

**牛肉面：**昨天下午你在办公室睡觉的时间为什么不用来写稿？

**我：**办公室没有适宜的温度，工作环境太差了，不具备能够让我集中精神工作的条件。

**牛肉面：**一共就一千字的文章，你需要精神多集中啊？

**我：**没有小文章，只有小作者，您没听过这句话么？

**牛肉面：**别闹了，要不我给你放半天假，你回去睡个觉，算是调休。

**我：**我不要调休，我就要加班费。

**牛肉面：**怎么这么倔呢？加班必须要 CEO 邮件同意，你申请了吗？

**我：**哪里的要求？谁说的？什么时候说的？

**牛肉面：**就刚才，我说的。

**我：**那我现在补个申请。

**我的内心在思考：**

白天在办公室"荒废"，晚上"补作业"，算是加班吗？加班有必要CEO 来审批吗？

**敲键盘**：

　　这是个举证责任分配的问题，白天在办公室"荒废"，需要单位举证；晚上"做作业"，需要员工举证，如果双方都能够证明白天"荒废"、晚上"做作业"，那么加班成不成立，双方其实也就没有争议了。

　　加班审批需要什么级别，倒是可以根据单位的规模和实际情况来规定。但当加班已经实际发生的时候，重点其实不在谁审批，而是加班是不是确实存在。

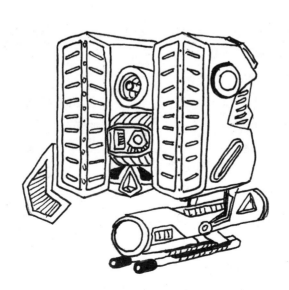

## 读书笔记 Day 16

# 只要加班就会有加班工资吗？

八鸽最近埋怨我，周末总是空不出时间，一说就是这个项目刚开始需要跟进；难得一起吃个饭，不是在回复微信就是在接电话；更离谱的是，在每次通话的过程中，总是说有个电话进来，我迟点再给你回，然后就没有下文了。八鸽最后对我进行了灵魂的拷问，你这整天加班的也没见你工资涨啊。于是我陷入了深深的思考：只要加班就会有加班工资吗？

近些年来随着市场经济、互联网的发展，加班这件事越来越多地出现在大家视野中。加班在给企业、社会带来更多经济效益的同时，也引起各种社会和法律问题，加班工资就是其中的一个"风暴中心"。

**1. 为什么会有加班工资呢？**

《国务院关于职工工作时间的规定》第 3 条规定：国家实行职工每日工作 8 小时、平均每周工作 40 小时的工时制度。

《劳动法》第 44 条规定："有下列情形之一的，用人单位应当按照下列标准支付高于劳动者正常工作时间工资的工资报酬：（一）安排劳动者延长工作时间的，支付不低于工资的百分之一百五十的工资报酬；（二）休息日安排劳动者工作又不能安排补休的，支付不低于工资的百分之二百的工资报酬；（三）法定休假日安排劳动者工作的，支付不低于工资的百分之三百的工资报酬。"

加班工资是企业安排员工延长工作时间或者安排员工在休息日、法定节假日进行工作的时候，需要按照法定标准向员工支付的加班费用。

**2. 是不是所有的岗位都有加班工资？**

其实不然，对于实行标准工时制的员工，自然是要依据《劳动法》第 44

条的三种情形支付加班工资，但是对于实行综合计算工时制和不定时工作制的员工，加班工资的计算就有所不同了。

（1）企业实行综合计算工时制的，因为可以按照周、月、季、年等为周期综合计算工作时间，所以只需要看一个周期结束后的工作时间有没有超出法定标准的平均日工作时间（8小时）和平均周工作时间（40小时），超出的部分视为延长工作时间，支付加班工资。

（2）企业实行不定时工作制的，因为其岗位特性比较灵活，无法按照标准工时计算其工作时间，所以《工资支付暂行规定》第13条第4款就规定了实行不定时工作制的员工，不执行标准工时制的加班工资标准（但部分地区明确规定了企业安排不定时工作制的员工在法定节假日进行工作的，应当支付加班工资，比如深圳地区）。

**3. 企业和员工约定不定时工作制或者是综合计算工时制就可以不支付加班费吗？**

答案是否定的。

虽然这两种工时制度似乎可以降低企业的加班工资成本，但是想要合法地实行这两种制度，是需要符合法定条件和经过法定程序的。

根据《关于企业实行不定时工作制和综合计算工时工作制的审批办法》的规定，企业想要实行不定时工作制或者是综合计算工时制至少需要满足以下两个条件。

（1）员工的工作需要具备无法按标准工作时间衡量的特点，如企业中的高级管理人员、外勤人员、推销人员或者是建筑、制盐、旅游等受季节和自然条件限制的行业的部分职工等。

（2）企业需要依据当地劳动行政部门的规定，经当地劳动保障部门批准后，才能实行这两种工时制度。

我忽然想到，这两种工时制度，难道就是传说中的弹性工时制吗？我想我很有必要在未来的学习中努力钻研一下这两种工时制。当然，并不是立刻、马上，毕竟，学习凭借的并不仅仅是一股子冲动，还是要持之以恒，慢慢来。

# 一案三判? 末位淘汰到底可不可以? [①]

## 📖 真实案情

2016 年 8 月 19 日,Z 公司向员工武某出具"辞退函",内容为:"根据本公司与您签订的商务部 2016 年薪酬绩效考核制度……连续 2 个季度不达标,公司有权辞退。因您拒绝签字 2016 年 1—2 季度绩效考核薪资调整确认函,公司决定终止合同,薪资结算到 2016 年 8 月 19 日。"

武某先后诉至劳动争议仲裁机构、法院,要求 Z 公司支付违法解除劳动关系的经济补偿及赔偿。

## 📖 关键证据

1. Z 公司 2016 年商务部绩效考核制度。其中确定了员工的薪资结构及相应的任务、考核要求,注明按照季度考核,如连续 2 个季度不达标,公司有权调薪、调岗或辞退。

2. 武某签字的 2016 年工作任务书。

## 🏛 庭审主张

Z 公司:

1. 我司有绩效考核制度。

---

① 案例来源:北京市第一中级人民法院(2017)京 01 民终字第 9107 号民事判决书。

2. 2016 年度的工作任务是员工自己选的，连续两个季度未达标，公司有权解除劳动合同。

武某：

1. 谁说我的业绩没达标？你们有证据吗？
2. 公司开掉我的真实原因不是绩效，而是我怀孕了。

## 裁判观点

劳动仲裁委员会：

认可 Z 公司绩效考核制度，解除行为合法。

一审法院：

Z 公司虽主张武某 2016 年 1、2 季度均未完成任务，但未提交充分有效的证据，武某亦未提交证据证明其已完成相应任务，故视为协商一致解除劳动合同。

二审法院：

根据现有证据证明显示的情况，无法得出 Z 公司作出解除决定时知晓武某怀孕的结论。

Z 公司提交的武某相关绩效情况均系该公司自行制作，并无武某签字确认，从武某的工资发放情况亦无法得出其未完成工作业绩的结论。

Z 公司以武某未完成工作任务为由解除劳动合同，属于以"末位淘汰"方式与劳动者单方解除劳动合同的情形。从举证责任、制度效力、单方解除权行使等方面综合分析，Z 公司与武某解除劳动合同确有不当，属于违法解除。

## 案例评析

1. 单位最终在终审败诉的关键原因是什么？

无证据证明员工不胜任工作。相关绩效情况均属公司自行制作，在武某未确认的情况下，Z 公司未进一步提供能够证明武某业绩未达标的客观证据。

2. "末位淘汰"为什么不被支持？

如同歌曲打榜，只要有排名，就总会有一个在榜首，一个在榜尾，甚至还有没上榜的。榜尾的那首歌一定不好听吗？没上榜的呢？同理，绩效排在末位的，不必然意味着不胜任工作，还需要其他相关数据来支持"不胜任"这个判断。

3. 本案哪里涉及"末位淘汰"？

对"末位"的理解，不局限于绩效排名的最后一位，劳动者在用人单位的绩效考核中居于末位等次，都在"末位"的范畴。

两次绩效考核不合格，在本案中被终审法院判断为末位等次。

末位等次不直接等同于"不胜任工作"。仅因劳动者绩效居于末位等次而与劳动者解除劳动关系，不符合《劳动合同法》规定的单方解除劳动合同法定条件。

### 📖 知识拓展

《第八次全国法院民事商事审判工作会议（民事部分）纪要》

29. 用人单位在劳动合同期限内通过"末位淘汰"或"竞争上岗"等形式单方解除劳动合同，劳动者可以用人单位违法解除劳动合同为由，请求用人单位继续履行劳动合同或者支付赔偿金。

# 第十七集

## 可以拒绝领导吗？

领导最近十分重视我，吩咐我的同事们给我安排了很多一般人根本没有机会接触到的任务。当然，对我最照顾的，还是牛肉面老师本人。

**我：**　牛老师，快夸夸我！

**牛肉面：**　夸你啥？

**我：**　效率高啊！作文、周记、读书笔记、小课题全都替咱闺女写好了，请假申请帮你提了，报销单据给您贴好了，您指定的新款手机壳已下单，物流显示已发货，还有还有，"一对一"数学辅导机构也帮你打听了，收集了300多个机构的简介。够不够，就说够不够？

**牛肉面：**　"泥"真是"垢"了。我的拿铁呢？没给我带吧？

**我：**　嗯，这个确实没有。不过我觉得老喝咖啡不好，要不改喝红糖水吧，颜色都一样，而且我也是为了你的身体着想。

**牛肉面：**　你还不如让我喝酱油呢，颜色也一样。

**我：**　酱油可能还是太咸了，牛老师你是不是对红糖水有什么偏见？

**牛肉面：**　红糖水能冷萃吗？能加冰吗？能打奶泡吗？就算能，你喝吗？

**我：**　你看，牛老师，是这样子的。我算了一下价格，一杯咖啡三十起步，每天帮你带两杯就是六十，半个月就超过五百，以此类推，我可能到不了月底就连单车都骑不起了。

**牛肉面：** 让我还钱直接说啊，一点小事拐弯抹角四百多字。

**我：** 不加空格可能不够四百字。

**牛肉面：** 这点钱我又不会坑你的，等发了工资立马给你转账。

**我：** 我拒绝，再发工资要到下个月了。而且我的工作范围并没有帮领导买咖啡。还有，换灯泡、拿快递、修电脑、拖地、接小牛肉面放学，这些都超出了我的工作职责。这样的工作令我迷茫，人生已经失去了方向。

**牛肉面：** 成功是要靠努力换取的，我相信你，加油！

**我：** 我觉得这些事您自己也可以做啊，您也可以再加油一点点！

**牛肉面：** 那我都那么"加油"了，还要你来做什么？

**我：** 我想做点正经事，有挑战性的那种。

**牛肉面：** -3℃，7块冰，糖8.8克，低咖啡因，是不是很有挑战性？

**我：** 等等，我记一下！

**我的内心在思考：**

领导安排岗位职责之外的事，员工可以拒绝吗？到底什么是岗位职责？

**敲键盘：**

这些事情员工可不可以拒绝，重点在于判断什么是岗位职责。在岗位职责非常明确的情况下，要看安排的额外工作是否构成工作岗位的变更，构成变更的，工作岗位的变更需要双方协商一致。如果额外工作只是临时安排，且个人也有能力完成，那么过于计较个人得失，可能会影响与同事之间的交流与互信。

岗位职责，对应的是《劳动合同法》第17条劳动合同必备条款中的"工作内容"，应当在劳动合同或劳动合同的相应附属文件中约定。未约定的，以双方均认可的工作内容为准。双方无法达成一致的，发生争议的可能性就很大了。

## 读书笔记 Day 17

## 辞职可有后悔药?

牛肉面老师的要求,杀伤性不大,但侮辱性极强,于是我动了辞职的心。但作为一名优秀的青年人,稳健属于我自认为数量众多的优良品质之一,所以我开始想要是真辞职了,还能不能后悔呢?

答案是:有。要看辞职的意思是不是以对话的方式作出的。

如果当面跟领导说"我不干了",那么当领导听到这个信息的时候,辞职就发生效力,无法撤回了。但如果是以非对话的方式作出——比如在北京工作的小李去大理休假时心生感慨,与其回北京"996",不如立地逍遥,于是当天手写一封辞职信,贴上邮票寄到北京,第二天早上突然想起还有面包的问题没解决,立马手写一封忏悔信撤回辞职,顺丰加急寄往单位,这种情况下,如果忏悔信早于或者与辞职信同时到达单位,辞职的意思就可以撤回、并不生效,反之,便无法撤回。

如果单位已经收到辞职信,但尚未批复或者辞职信里的离职时间未到,员工也无法撤回吗?

答案是:无法。

先看第一种情形:单位尚未批复。

《劳动合同法》第 37 条规定:"劳动者提前三十日以书面形式通知用人单位,可以解除劳动合同。劳动者在试用期内提前三日通知用人单位,可以解除劳动合同。"所以员工享有辞职权,不以单位的同意为生效要件。

再看第二种情形:辞职信里离职时间未到。

有一种观点认为《劳动合同法》第 37 条中的"提前三十日""提前三日"是附加在员工辞职权上的条件,如果期限未届满,条件尚未成就,辞职就不发生效力，员工便可以撤回。

另一种观点认为，"三十日""三日"并非辞职权的生效条件，而是辞职权生效后员工的附随义务。当单位收到员工的辞职信，辞职权已然生效，继续履行职务"三十日""三日"更多的是为了平衡单位的利益，给单位生产经营的调整一些缓冲时间。也因此，并不能以后续的缓冲时间未届满为由影响辞职的效力。

我更认同第二种观点。辞职权是一种单方的权利，员工有充分的时间去评估、决策在何时结束劳动关系，因此员工作出决定时应审慎。如果允许员工撤回辞职，意味着法律允许员工草率行为，并要求单位容忍并承担员工草率行为的后果和成本，这显然是有失公平的，比如此时单位已经录用了一名新的候选人或作出了其他新的安排。如果一些员工心怀恶意，甚至可以在辞职与撤回辞职间不断反复，对单位的生产经营造成不可估计的不利影响，这显然是有违立法本意的。

司法实践中也多采用第二种观点，比如陈××与××畜牧投资（北京）有限公司劳动争议案【见北京市东城区人民法院（2018）京0101民初字第1681号判决书、北京市第二中级人民法院（2018）京02民终字第10944号判决书】：员工于2016年3月8日向单位提交"离职申请书"，单位未予回复；员工于3月25日向单位提交"关于撤回'离职申请书'的申请"，要求单位支付报酬和安排工作，单位不同意；之后员工以单位未批准其离职申请、且其在30日内撤回离职为由，主张单方解除行为未生效，双方劳动关系未解除，要求单位支付违法解除经济赔偿金。本案一审、二审法院均不支持员工的请求，认为"陈××于2016年3月8日向公司提出离职申请，此属于劳动者行使单方解除权的行为，不以用人单位的同意为构成要件，亦不能在用人单位收到后撤回"，所以员工主张劳动关系未解除无事实法律依据。

综上，辞职有"后悔药"，但实施起来颇为困难，所以避免后悔的"良药"是：审慎做决定。

# 第十八集

## 可以拒绝加班吗？

年底将近，各种节日气氛浓烈了起来，为了庆祝"双旦"的到来，我们公司打算举办一场小型的跨年活动。行政部门的小姐姐们为了顺利安排这场活动，找来了一名实习生。可是，在布置会场的当天，实习生同学表示自己家水管爆了，需要回家处理。紧急关头，栗子姐想到了我。

**炒栗子：** 九哥你真帅。

**我：** 栗子姐你好像有事求我。

**炒栗子：** 真聪明，有个小事需要你搭把手。

**我：** 什么小事？我就一双手，牛老师已经提前预订了。

**炒栗子：** 小事就是特别小的事，比如挂个灯笼。

**我：** 这属于高空作业吧，有保护措施吗？

**炒栗子：** 我给你扶着梯子，很安全的。

**我：** 不是有实习生吗？实习生的任务难道不就是帮助栗子姐布置会场吗？

**炒栗子：** 他有事请假先走了。

**我：** 那等他回来让他干，这是他的工作。

**炒栗子：** 就挂个灯笼，你又不是干不了。

**我：**栗子姐，我不是实习生，我是正式工，而且我跟你不同部门，我有我自己的领导。

**炒栗子：**那我找你的领导安排你干行吗？

**我：**呃，干也不是不行，但这都下班点儿了，加班费怎么算呀？

**炒栗子：**哎，就挂个灯笼，麻溜儿的！跨年抽奖的奖品，我先给你一个成不？

**我：**凑合吧。那跨年大家要在一起过吗？

**炒栗子：**对啊，全公司一起倒计时。

**我：**那这也算加班吧？

**炒栗子：**管吃管喝管抽奖，都没让你交餐费，算加班你好意思吗？

**我：**那耽误我和我女朋友过节，又占用我的休息时间，谁来弥补我逝去的光阴？

---

**我的内心在思考：**

可以拒绝加班吗？团建、聚餐算是加班吗？

---

**敲键盘：**

　　什么是加班？为什么需要加班？为什么拒绝加班？都是需要考虑的。白天"荒废"、晚上"补习"和白天晚上都在努力学习，肯定不是同一种理解。加班加点施工整修供电、供水、供暖的公共设施，和通宵录制娱乐节目，必然也不能做同一种理解。

　　《劳动法》第41条规定：

　　"用人单位由于生产经营需要，经与工会和劳动者协商

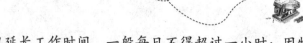

后可以延长工作时间，一般每日不得超过一小时；因特殊原因需要延长工作时间的，在保障劳动者身体健康的条件下延长工作时间每日不得超过三小时，但是每月不得超过三十六小时。"

安排加班，原则上是需要经过员工同意的。

至于团建和聚餐，也是个有争议的问题。

甲方观点：加班的本质是对定额之外的工作所付出的时间，加班忙什么？忙工作。团建、聚餐忙什么？忙吃喝玩乐。所以不应当属于加班。

乙方观点：加班的本质是占用休息时间。但凡妨碍员工休息时间，超出劳动定额和标准工作时间所安排的工作与活动，都具有被认定为加班的可能。

因此，依然需要具体分析：是否牺牲员工休息时间，是否具有强制性，是否损害员工健康利益，员工是不是开心……只要开心，一切都好商量。

读书笔记 Day 18

# 小费属于工资吗？

今天是认真学习的第 18 天，为了纪念已经远去的 18 岁，我特意在吃饭的时候给了餐厅服务员 5 毛钱的小费，并让他不用找了。这让精通劳动法的我不禁产生了疑问：小费属于工资吗？

这个问题重要吗？非常重要。因为在发生相关劳动争议时，这可能影响劳动者的平均工资和经济补偿金、赔偿金计算基准。

我去检索了一下法规，《国家统计局关于工资总额组成的规定》中对此并无明确规定。看来只能靠我朴素的"法感情"先行推导一番。

我知道，小费是我作为顾客直接给服务员的额外的钱，工资则是服务员因提供劳动而获得的对价。

从以上粗略的定义和朴素的经验来看，我发现小费与工资至少存在如下区别：（1）小费是"额外"的、不稳定的，工资则一般是"应得"的、稳定的；（2）小费一般由顾客直接支付，工资一般由用人单位支付。

既然存在这样的区别，是否意味着小费一定不属于工资呢？严谨的我决定还是去搜寻一下案例，发现还是有一些法院认可小费算作工资的。总结起来，法院主要考虑如下因素。

**1. 系争双方合意。**

比如湖南省长沙市中级人民法院认为："×× 旅行社已按照合同约定的工资标准或最低工资标准向苏 ×× 发放了工资（含补助、佣金、小费、社保个人部分等），而苏 ×× 在双方多年劳动关系存续期间，均未对 ×× 旅行社向其发放的工资提出过异议，故苏 ×× 要求 ×× 旅行社支付拖欠劳动报酬的诉请，没有事实依据，也与日常经验法则不符，一审法院对此不予支持……

××旅行社向一审法院提交了苏××本人签字的《费用报销单》《领队佣金小费支付明细表》等证据，能够证明××旅行社向苏××发放了补助、领队佣金、小费等带团费用。故××旅行社向苏××发放了劳动报酬，苏××主张××旅行社欠付工资无事实依据……驳回上诉，维持原判。"①

**2. 用人单位是否"统收统付""代收代付"小费。**

比如，北京市第三中级人民法院认为，包含于房间费中的小费实际上就是员工的劳动报酬："××公司主张与牛××之间仅为合作关系，但××公司曾为牛××开具收入证明，明确表示牛××为其员工。证人虽均称牛××作为服务员的收入为客人支付的小费，但亦陈述该费用包含于客人向××公司支付的房间费，且根据房间标准决定小费比例，故一审法院认定××公司与牛××之间系建立劳动关系……并无明显不当……"②

可见，对于用人单位与劳动者一致认可小费属于工资构成部分的，法院一般不会过多干涉。并且，对于一些名为"小费"，但实际上由用人单位"统收统付""代收代付"，实质上构成劳动者固定收入的部分，法院也会据实认定，将其视为工资的构成部分。

---

① 湖南省长沙市中级人民法院（2020）湘01民终字第7986号民事判决书。
② 北京市第三中级人民法院（2020）京03民终字第1289号民事判决书。

# 没有工会，辞退员工应该通知谁？[①]

## 真实案情

罗某为 A 公司员工。

A 公司《员工手册》第 37 条系有关解雇的规定，其中有多项条款涉及员工违纪情形及相应处罚办法。

A 公司未建立工会，上述《员工手册》由包含罗某在内的员工集体通过后，张贴于 A 公司食堂内。

2017 年 7 月 25 日，罗某认为 A 公司存在欺诈行为，遂以拉横幅、贴大字报、跳楼威胁等方式发表意见，公司报警后由警察调解，双方暂时平息争议。

一个月后，A 公司根据上述《员工手册》第 37 条规定，向罗某发出解除劳动合同通知书，以罗某严重违反劳动纪律、严重违反规章制度为由，于 2017 年 9 月 1 日起解除劳动关系。

罗某认为，A 公司事先未通知工会，属于违法解除劳动关系，遂先后向劳动争议仲裁机构、人民法院申请仲裁和提起诉讼。

## 观点展示

我国《劳动合同法》《工会法》规定，用人单位单方解除劳动合同时，应当事先通知工会。但假若用人单位未建立工会，且在解除劳动合同前，也没有通知其他工会组织，用人单位属于合法解除吗？

---

① 案例来源：上海市高级人民法院（2018）沪民申字第 2524 号民事裁定书。

**观点一：如用人单位未建立工会，也未通知其他工会组织的，不属于违法解除。**

例如，天津市高级人民法院在《关于印发〈天津法院劳动争议案件审理指南〉的通知》（津高法〔2017〕246号）中认为，用人单位未建立工会，劳动者主张用人单位未通知其他工会组织属于违法解除的，法院不予支持。

在天津市高级人民法院（2017）津01民终字第5399号判决中，法院认为，建立工会组织是企业职工的自愿行为，在未建立工会的情况下，公司方与劳动者解除劳动合同无法完成通知工会的程序。据此，公司方主张不予支付解除劳动合同经济赔偿金的请求，于法有据，法院予以支持。

**观点二：用人单位未建立工会的，应当通知公司所在地其他工会组织，否则属于违法解除。**

例如，《江苏省劳动合同条例》第31条规定，用人单位未建立工会的，不能免除通知工会的义务，仍应当通知用人单位所在地工会。

在江苏省高级人民法院（2016）苏民申字第4486号判决中，法院认为，本案中，公司虽未建立工会组织，但其也未在解除劳动合同时，事先将理由通知公司所在地的工会，因此，公司解除与劳动者之间的劳动合同不符合法律规定的程序，公司属于违法解除。

**观点三：用人单位未建立工会，但已采取通知职工代表等方式的，可代替履行通知工会的程序性义务，用人单位属于合法解除。**

例如，湖北省高级人民法院在《湖北省高级人民法院关于审理劳动争议案件若干问题的意见》中认为，用人单位有工会应当通知工会，没有工会应当通知职工代表。

在重庆市高级人民法院（2020）渝01民终字第4111号判决中，法院认为，《最高人民法院关于审理劳动争议案件适用法律若干问题的解释（四）》第12条针对的是建立工会组织的用人单位，而证据未显示公司建立有工会组织。再者，证据亦显示，解除与劳动者劳动关系时，公司通知了职工代表，并取得了其同意。故公司属于合法解除。

## ⚖ 裁判观点

本案中，法院持第二种观点。

法院认为，用人单位应当依法保护劳动者的合法权利。A公司虽未建立工会，但《劳动合同法》《工会法》中所规定的通知工会义务，不因A公司没有工会而消灭，A公司仍应当继续履行该项义务。A公司仍可以向公司所在地的其他工会组织发出通知，但A公司并未通知，故判决A公司属于违法解除。

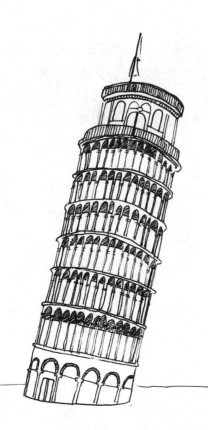

## 第十九集

# 可以拒绝调岗或降薪吗？

我来公司这么久，写网文的成绩还是不太好。听说领导对我颇有意见。但我始终相信勤能补拙，是金子总是会发光。

**牛肉面**：小九，你是不是上班又在"摸鱼"？

**我**：领导真是慧眼如炬……呃，不对啊！您何出此言？

**牛肉面**：发给你邮箱的通知你看了吗？有没有什么意见？

**我**：看了看了，没有意见。

**牛肉面**：那就好，那你怎么还不去楼下报到？

**我**：啥？

**牛肉面**：你是不是根本连邮箱都没打开？

**我**：打开是打开了，只是没有"已读"。

**牛肉面**：那我给你读一遍：经过慎重考虑，公司觉得你目前并不能胜任这份工作，决定给你调岗降薪。你去做助理吧，工资是之前的80%。

**我**：不能胜任？那不可能。领导是在怀疑我的智商吗？可是听说人都是在喜欢的人面前才会变傻的。

**牛肉面**：话可不能乱讲，你啥意思？

**我**：我的意思是可见我对工作爱得有多深沉。

**牛肉面**：和你同期进公司的其他同事，人家日更万字，才短短几个月已经有百万粉丝了。你呢？

**我**：我已经很努力了。我相信只要我坚持下去，不放弃，没有什么困难是战胜不了我的。

**牛肉面**：所以看你这么累，公司决定给你调岗，你还能轻松一点。

**我**：可是我从小到大的理想就是当一名作家，不是搬桶装水、收发快递。

**牛肉面**：你要么接受调岗，要么明天不用来了。

**我**：那个，等一下，调岗其实还是可以的，但能不能不降薪？

**牛肉面**：一个萝卜一个坑，每个岗位的薪资都是有统一标准的，你不调成跟其他人一样的，你让别人怎么看？

**我**：密薪制别人又看不到。再说，公司单方面就决定给我调岗降薪，好像不符合规定啊。

**牛肉面**：谁说是公司单方面决定的，不是给你发邮件了吗？

**我**：稍等领导，我印象中，我一直就是助理吧？我压根就没做过写手啊。

············

**炒栗子**：醒醒了九哥，又做梦呢吧？白天都能睡这么带劲，也是没人能超越你了。

虚惊一场，确实冒了一头汗，但我认为主要还是因为空调坏了。

**我的内心在思考：**

如果真的是公司单方面调岗降薪，员工可以拒绝吗？

**敲键盘**：

　　首先，单位是有管理和经营的自主权的，但自主权不能滥用，不应侵害员工合法的劳动权益。在客观情况发生重大变化、员工不胜任工作、员工因工负伤、患职业病无法再回原岗位工作、因生产经营需要临时调整工作时，单位可以依据相应规章制度调整工作岗位，但需要充分证明该调整的必要性与合理性。

读书笔记 Day 19

# 工资不够花，兼职违法吗？

最近斜杠青年的标签很火，作为一个能同时一手画圆一手画方的复合型人才，我对身兼数职可以说是举重若轻。但如此优秀的我，出去兼个职，有风险吗？

要先看兼职兼的是什么职。

比如：

开网约车载隔壁老王去上班；

变身"骑手"帮隔壁老王送数据线；

下班送外卖帮隔壁老王派盒饭；

在隔壁老王门店扮演两小时吉祥物；

网络直播60分钟帮隔壁老王带货；

开网店直销隔壁老王生产的厕纸；

帮隔壁老王与自己所在的公司牵线搭桥撮合交易，并从老王那里获得提成；

入职隔壁老王的公司；

入股隔壁老王的公司……

《劳动合同法》第39条规定："劳动者有下列情形之一的，用人单位可以解除劳动合同：……（四）劳动者同时与其他用人单位建立劳动关系，对完成本单位的工作任务造成严重影响，或者经用人单位提出，拒不改正的……"

《劳动合同法》第91条规定："用人单位招用与其他用人单位尚未解除或者终止劳动合同的劳动者，给其他用人单位造成损失的，应当承担连带赔偿责任。"

《劳动合同法》第 69 条第 2 款规定:"从事非全日制用工的劳动者可以与一个或者一个以上用人单位订立劳动合同;但是,后订立的劳动合同不得影响先订立的劳动合同的履行。"

根据上述规定,我们接着分情况讨论:假设张三在 A 公司从事属全日制工作,那么可提出以下几个问题。

**1. 张三想与隔壁老王公司建立劳动关系,可以吗?**

这要看 A 公司是否同意张三与其他用人单位建立劳动关系。如果不同意,则适用《劳动合同法》第 39 条,A 公司可以要求张三改正,在张三拒不改正,或对完成 A 公司工作造成严重影响的情况下,A 公司可以解除劳动关系。

那么,什么是"对完成 A 公司工作造成严重影响"?这个问题其实不需要太较真,因为 A 公司可以要求张三改正,在张三拒不改正的情况下,已经可以做出处理。

如果 A 公司同意张三与隔壁老王建立劳动关系呢?那就还要看隔壁老王是否同意张三与 A 公司保持劳动关系,如果他也同意,那么似乎没有争议;如果不同意,那么张三依然只能二者选其一。

**2. 张三与隔壁老王之间建立劳动关系后,全日制工作或非全日制工作,有什么不同?**

《劳动合同法》第 39 条规定的"与其他用人单位建立劳动关系",没有区分全日制与非全日制,因此,即便以非全日制方式为隔壁老王打工,A 公司依然有权利不接受。且《劳动合同法》第 69 条规定,"……从事非全日制用工的劳动者……后订立的劳动合同不得影响先订立的劳动合同的履行"。

**3. 这是否意味着,能不能给隔壁老王做兼职,完全 A 公司说了算?**

并不全是。

兼职这个词的含义很模糊,不必然代表存在多个劳动关系,也不必然代表非全日制工作,它还可以理解为不建立劳动关系的一些谋生手段或经营行为。比如,开微店卖货,就不见得一定与隔壁老王有雇佣意义上的关系,可能仅仅是代销之类的代理行为。

那么,不建立劳动关系,是不是就不受 A 公司约束呢?

很难说，也要具体分析。

A 公司是否生产厕纸？张三为隔壁老王带货，入股隔壁老王公司，是否违反与 A 公司签署的相关忠诚协议，是否与 A 公司存在利益冲突？张三带货、扮吉祥物、网约车接单等行为，是否占用了在 A 公司的工作时间，或利用了 A 公司的工作条件？张三撮合隔壁老王与 A 公司的交易，是否违反对 A 公司的廉洁义务？

如果以上疑问的答案都是肯定的，那么 A 公司可以依据规章制度及法律规定要求张三甚至隔壁老王承担责任。

如果张三周一上午载老王去上班，周二下午帮老王送数据线，周三中午帮老王送盒饭，周四下班后在老王门店扮演吉祥物，周五下班后抖音直播帮老王带货，周六日用自己的微店发朋友圈直销老王生产的厕纸，下周帮老王与 A 公司牵线搭桥撮合交易，接着入职老王的公司，然后又入股。这可能就不是一件小事了。

综上，工资不够花，兼职要谨慎。保证对雇主充分的善意，不违反对用人单位的道德与忠诚义务，是兼职可以存在的前提。

# 第二十集

# 年假真能作废吗?

最近工作经常加班，我的劳累已经突破了我的想象，从意识层面转到了物质层面。我觉得需要休息一段时间。

**我**：栗子姐，我们公司有年假吗？

**炒栗子**：让我想想……好像是有的，但是从来没有人休过。

**我**：为啥？

**炒栗子**：可能是大家的思想觉悟都比较高。当然了，也包括你在内。

**我**：以前是我太年轻，不好意思请年假。现在不一样了，现在我脸皮厚了。

**炒栗子**：我很好奇，你是怎么想到有年假这个事儿的？

**我**：多亏了咱们的《员工手册》啊，挽救我于工作之中。我是左翻右翻上下翻，最后看到手册上说，1—5年司龄的员工，有5天年假，现在我要休的正是这5天年假。

**炒栗子**：你说的是去年的年假吧？已经过期了。

**我**：保质期这么短啊？那我休今年的，可以吧？

**炒栗子**：今年才刚开始1个月，你就要休假，还一休休5天，公司给你白发5天工资，你拿完这5天工资，立马就离职了怎么办，你说公司亏不亏？

　　**我：** 我为什么要立马离职啊？

**炒栗子：** 我是说万一。

　　**我：** 我不离职，我可以写保证。

**炒栗子：** 那你要是违反保证呢？

　　**我：** 天打雷劈啊！

**炒栗子：** 还是别劈了，还得算工伤。而且，就算你自己不离职，万一公司想让你离职呢？

　　**我：** 公司为什么想让我离职？

**炒栗子：** 跑题了啊，就是打个比方，让你明白这个道理。

　　**我：** 我不明白，不让休假以后离职，那就只能是离职以后再休假了？

**炒栗子：** 离职以后还休什么假啊，你都不是公司的人了。

　　**我：** 那我到底什么时候可以休？

**炒栗子：** 年底吧。

　　**我：** 年底具体是指哪天？

**炒栗子：** 当然是 12 月 31 号了，提前一天都不叫年底。

　　**我：** 那不是又要跨年了吗？到时候你又说过期作废了。

**炒栗子：** 等一下，你入职不到一年呢吧？你有年假么？

**我的内心在思考：**

新人有没有年假？我的年假有多少天？去年年假啥时候作废？

129

**敲键盘：**

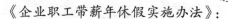

《企业职工带薪年休假实施办法》：

第三条　职工连续工作满 12 个月以上的，享受带薪年休假（以下简称年休假）。

第五条　职工新进用人单位且符合本办法第三条规定的，当年度年休假天数，按照在本单位剩余日历天数折算确定，折算后不足 1 整天的部分不享受年休假。

前款规定的折算方法为：（当年度在本单位剩余日历天数 ÷365 天）× 职工本人全年应当享受的年休假假期。

《职工带薪年休假条例》第 3 条第 1 款规定："职工累计工作已满 1 年不满 10 年的，年休假 5 天；已满 10 年不满 20 年的，年休假 10 天；已满 20 年的，年休假 15 天。"

通常不存在年假自动作废的说法。应考查年假未休的原因。另《企业职工带薪年休假实施办法》第 10 条规定："用人单位……不安排年休假或者安排职工休假天数少于应休年休假天数的，应……按照其日工资收入的 300% 支付未休年休假工资报酬，其中包含用人单位支付职工正常工作期间的工资收入。用人单位安排职工休年休假，但是职工因本人原因且书面提出不休年休假的，用人单位可以只支付其正常工作期间的工资收入。"

# 读书笔记 Day 20

## 你不知道的一些假期

我明天又想请假，但是打工人钢铁般的意志驱使我继续上班。不过，我今晚打算了解一下，我到底可以享受哪些假期？毕竟，打工人也是需要遛狗、喂荷兰猪、约会、旅游的。众所周知，根据最新有效的法规，我国全体公民放假的节日共11天，新年1天，春节3天，清明节1天，劳动节1天，端午节1天，中秋节1天，国庆节3天。

那么，还有没有其他的假期？

**1. 特殊节假日**

（1）妇女节（3月8日），妇女放假半天。

此处的"妇女"指18周岁以上成年女性。

（2）青年节（5月4日），14周岁以上的青年放假半天。

此处的"青年"指14周岁至28周岁的青年。

（3）少数民族习惯的节日，由各少数民族聚居地区的地方人民政府，按照各该民族习惯，规定放假日期。

这些部分公民放假的假日，如果适逢星期六、星期日，则不补假。

**2. 年休假**

年休假其实是带薪休假的一种，《职工带薪年休假条例》和《企业职工带薪年休假实施办法》根据员工的工作年限设置了不同的年休假标准，包括0天、5天、10天、15天。

年休假是额外的福利制度，所以不计入休息日、法定节假日、探亲假、婚丧假、产假等国家规定的假期。

一般来说，如果没有安排员工休年假，企业需按照员工的日工资收入的

300%支付其未休年休假工资报酬。但是，特殊情形下比如职工因本人原因且书面提出不休年休假的，用人单位可以只支付其正常工作期间的工资收入。

**3. 其他特别假期**

（1）探亲假。此处可以回顾第十一集——《探亲假谁能休？》。

（2）婚假。要休这个假，首先，劳动者需要结婚；其次，劳动者需要根据自己所在地区确定婚假天数。截至2021年1月1日，婚假最长的是山西、甘肃，达30天；婚假较短的诸如天津、安徽、广东、广西等地均为3天。看来我和小鸽子的结婚地必须慎重考虑了。

（3）生育假、陪产假、护理假、照顾假等。这类假期往往来自各地的人口计生条例。比如《上海市人口与计划生育条例》规定，符合法律法规规定生育的夫妻，女方除享受国家规定的产假外，还可以再享受生育假30天，男方享受配偶陪产假10天。

其实，还有各类特色假期隐藏于各地的地方性规定中，然而，夜已深了，我也该睡了。劳动者根据法律规定享受应有的假期，才是正确的福利打开方式。

一年有365天，真希望天天都是休息日。

# 单位解除劳动关系通知工会的时间有讲究吗？①

## 真实案情

张某为 A 公司员工。

2013 年 11 月 17 日张某在下班途中因交通事故受伤。

2014 年 1 月 17 日张某被认定为工伤。

2014 年 7 月 28 日张某经 × 市劳动能力鉴定委员会鉴定为九级伤残。

A 公司在收到劳动能力鉴定书后曾要求张某回公司上班，张某称仍需休息，双方并未达成一致意见。2014 年 8 月 19 日 A 公司以张某旷工为由，向其发出"解聘通知书"，与其解除劳动关系。

A 公司自 2011 年 12 月起至与张某解除劳动关系之日止为其办理工伤保险。

张某提起劳动仲裁与诉讼，要求 A 公司支付违法解除赔偿金。

A 公司在仲裁阶段未提供通知工会的证据，但在一审诉讼阶段提供。

## 观点展示

### 观点一：属于违法解除。

持该种观点的法院认为，用人单位在仲裁阶段没有通知工会，即使在一审起诉前通知并提供相应证据的，仍属于违法解除。

例如在本案中，法院认为，在劳动争议仲裁审理过程中，公司方未能提供将解除理由通知工会的证据。在一审审理过程中，公司方才提供"通知

---

① 案例来源：江苏省南通市中级人民法院（2015）通中民终字第 642 号民事判决书。

函"，以证明在与劳动者解除劳动合同前与工会进行过沟通。

劳动者在仲裁申请时，主张的理由就是公司方违法解除与其劳动关系，公司方应当在仲裁审理过程中提供相关证据，而其未能提供，法院有理由相信该"通知函"系事后补办，故认定属于违法解除。

## 观点二：不属于违法解除。

例如在四川省高级人民法院（2019）川 01 民终字第 16675 号民事判决书中，法院认为，根据《最高人民法院关于审理劳动争议案件适用法律若干问题的解释（四）》（现已失效，以下简称《劳动问题解释（四）》）第 12 条的规定，起诉前用人单位已经补正通知工会的程序的，不属于违法解除劳动合同，因此，即使公司方是在向劳动者送达解除劳动合同通知后再行通知的工会，亦不属于违法解除劳动合同的情形。

## 裁判观点

本案中，法院认为用人单位通知工会这一补正程序应当完成于劳动争议仲裁阶段之前。用人单位在仲裁阶段未通知，即使事后再补正的，也不符合《劳动问题解释（四）》第 12 条中规定的情形，用人单位无法补正通知工会的程序瑕疵，故认定为违法解除。

## 案例评析

本案中法院依据的《劳动问题解释（四）》已经废止，原《劳动问题解释（四）》第 12 条的内容由《最高人民法院关于审理劳动争议案件适用法律问题的解释（一）》（以下简称《劳动争议解释（一）》）第 47 条继承。

根据《劳动合同法》，用人单位应当在解除劳动合同前将解除理由通知工会。根据《劳动争议解释（一）》第 47 条，用人单位未通知工会的，如果在起诉前补正通知程序，则视为已经履行通知工会的程序，解除行为合法。

《劳动争议解释（一）》是在刚性的法律规定中给用人单位一个"改错的机会"，使得用人单位可以补正程序瑕疵。

但，"起诉前"具体是指劳动者在提起仲裁申请前，还是指当事人向法院提起诉讼前？从上文能够看到，实践中存在不同的理解，进而导致裁判时可能存在两种不同结果。

还有一点，《劳动合同法》适用于仲裁和法院的全部审理阶段，但《劳动争议解释（一）》是法院审理案件的依据，并未规定劳动争议仲裁机构必须适用司法解释。所以，劳动争议仲裁机构也可能会存在法律适用上的无所适从及观点不统一的情况。

还是回到《劳动争议解释（一）》，其第47条规定："建立了工会组织的用人单位解除劳动合同符合劳动合同法第三十九条、第四十条规定，但未按照劳动合同法第四十三条规定事先通知工会，劳动者以用人单位违法解除劳动合同为由请求用人单位支付赔偿金的，人民法院应予支持，但起诉前用人单位已经补正有关程序的除外。"这里的表述是"人民法院应予支持"。而在《劳动人事争议调解仲裁法》《劳动人事争议仲裁规则》中并无相关规定。只有部分地区如苏州市在《苏州市中级人民法院、苏州市劳动争议仲裁委员会劳动争议研讨会纪要（一）》中作出相关规定，统一了对劳动争议仲裁阶段适用通知工会程序的认识。

综上，用人单位还是应当尽量遵守法律规定，及时通知工会，避免因为程序瑕疵而导致败诉。

## 📖 知识拓展

《苏州市中级人民法院、苏州市劳动争议仲裁委员会劳动争议研讨会纪要（一）》

二、劳动合同解除的若干问题

（一）用人单位以劳动者严重违反规章制度等为由解除劳动合同

…………

2. 用人单位确有证据证明劳动者严重违反规章制度等被解除劳动合同的，但未履行《劳动合同法》第四十三条规定的通知工会义务，如果用人单位在仲裁裁决前将解除合同的事由通知工会并得到工会认可的，可以认定其解除劳动合同的行为有效；未组建工会的，用人单位应当将解除劳动合同的事由向全体劳动者公示。

第三篇

# 拼车不容易，九哥想成家

## 第二十一集

## 单位可以拒绝开收入证明吗？

　　我的女友小鸽子和她的"塑料"姐妹们吹嘘我的"高富帅"，现在我需要落实这个"人设"，以实际行动申请入群。"高"是父母给的，"帅"更是没的说，我每天醒来都感到自己帅出了新高度，但"富"这个标准就需要用数据说话了，我决定开个收入证明。

　　**我**：栗子姐，您就是亿万富豪的命中贵人。

**炒栗子**：说什么呢，没睡醒呢吧你？

　　**我**：我已经洞悉了财富的密码，现在只差您的助力。

**炒栗子**：怎么助力？

　　**我**：需要您给我开一份年薪一个亿的收入证明。

**炒栗子**：那你不如劝公司直接把我给开了。

　　**我**：公司和您这么大仇呢？

**炒栗子**：是你和我有仇。咱们整个公司一年的收入也不见得有一个亿。

　　**我**：这不是，虚构的么。

**炒栗子**：那就是开假证明的意思呗？

　　**我**：别说那么难听，只是证明一下我未来的实力，难道您觉得我未来没希望？

炒栗子：我决定保持沉默。

我：别沉默啊，您抬抬手，盖个章就行，这个证明我都替您写好了。

炒栗子：那你还是去劝公司把我开掉吧。我怎么跟公司解释啊？说你在外面干兼职赚的？这必须和我们公司构成利益冲突了吧？

我：别别，您不用搞这么大动静。您不说，我也不说，谁知道是您给我开的？我就是拿它去贷个款，然后实现财富自由。

炒栗子：贷了款就自由了？那钱借了不用还么？

我：唉，实话实说吧，我未来的岳父上周末请我吃饭，我和他吹嘘我年薪百万，结果老爷子特别认真，非要求我证明一下……

炒栗子：你吹嘘了一百万，让我给你开一个亿的证明，这个差价有点多吧？

我：开多点，不是显得我谦虚么。那这么着，您按实际开，就只开一百万。

炒栗子：按实际开，也不是一百万啊！

我：从会计学的角度，一个叫账面收入，一个叫实际收入。

炒栗子：你这会计学是自学的吧？

我：唉，您就给我盖个章，费不了多大劲。咱们公司不是一直宣称人性化么？我现在急需开证明，您忍心袖手旁观么？

炒栗子：我是不能旁观，我应该劝你未来的老丈人去报警。

我：为什么报警？

炒栗子：因为你诈骗啊！

**我的内心在思考：**

公司可以开具超出员工收入水平的收入证明吗？公司可以拒绝为员工开收入证明吗？

**敲键盘**：

证明应当以事实为依据。

法律没有规定公司有出具收入证明的义务，但根据《工资支付暂行规定》第 6 条的规定，"用人单位必须书面记录支付劳动者工资的数额、时间、领取者的姓名以及签字，并保存两年以上备查。用人单位在支付工资时应向劳动者提供一份其个人的工资清单"。

读书笔记 Day 21

# 你不知道的时效问题

我听社区普法讲座的时候记下来一句谚语——法律不保护躺在权利上睡觉的人。这貌似是在讲关于时效的问题，但我还没弄明白啥是时效。

关于劳动争议的仲裁时效，《劳动争议调解仲裁法》第27条规定：

劳动争议申请仲裁的时效期间为一年。仲裁时效期间从当事人知道或者应当知道其权利被侵害之日起计算。

前款规定的仲裁时效，因当事人一方向对方当事人主张权利，或者向有关部门请求权利救济，或者对方当事人同意履行义务而中断。从中断时起，仲裁时效期间重新计算。

因不可抗力或者有其他正当理由，当事人不能在本条第一款规定的仲裁时效期间申请仲裁的，仲裁时效中止。从中止时效的原因消除之日起，仲裁时效期间继续计算。

劳动关系存续期间因拖欠劳动报酬发生争议的，劳动者申请仲裁不受本条第一款规定的仲裁时效期间的限制；但是，劳动关系终止的，应当自劳动关系终止之日起一年内提出。

简单来说，劳动争议仲裁时效原则为一年。拖欠劳动报酬没有时效限制，但劳动关系已经解除的，员工应该在解除后的一年内申请仲裁。

那么，话说如果有人要五年前未签劳动合同的二倍工资，或者要五年前未休年假的工资，时间怎么算呢？

## 1. 应签未签劳动合同的二倍工资起算点

目前主流观点认为，二倍工资虽然以"工资"冠名，但仍属于赔偿性费用，而非劳动报酬，因此适用《劳动争议调解仲裁法》第27条第1款劳动争议仲裁时效为一年的规定。

关于起算点，北京、广东地区认为在员工主张二倍工资时，时效从员工主张权利之日起往前倒推一年，对超过一年的二倍工资差额，不予支持。

**2. 未休年假工资**

上海、广东、陕西等多地区认为未休年假工资是对员工应享受法定福利假日的补偿，应适用一年的仲裁时效。因此依据《公司职工带薪年休假实施办法》第 10 条的规定，员工在公历年度内未休假的，公司应按员工日工资收入的 300% 支付年休假工资报酬。而北京地区认为基于《职工带薪年休假条例》第 5 条"年休假在 1 个年度内可以集中安排，也可以分段安排，一般不跨年度安排。单位因生产、工作特点确有必要跨年度安排职工年休假的，可以跨 1 个年度安排"的规定，考虑年休假可以集中、分段、跨年度安排的特点，未休年假工资的时效从第二年的 12 月 31 日起算。

此外，"当事人知道或者应当知道其权利被侵害之日起"究竟怎么理解？

我觉得包括两种情况。

第一种，是有证据能证明当事人已经知道。比如，单位没有按时发放高温补贴，从银行流水或工资条里就能看出来。也就意味着，员工拿出来工资条或者银行流水，就证明员工已经知道这个补贴没发了。

第二种，是有依据能推定当事人已经知道。比如，合同签没签，员工作为心智正常的成年人，不可能不知道。当单位超过一个月还没和员工签合同时，员工就应当明白自己的权益受到侵害了。

"权利被侵害"又怎么理解？是否考虑侵害行为的开始与结束时间？是从开始时间起算时效，还是从结束时间起算时效？

仍以没签劳动合同为例。

一种观点是，未签订书面劳动合同是一个持续的行为，应该看作一个整体，仲裁时效开始时间是从视为签订无固定期限劳动合同或补签劳动合同之日（权利被侵害结束之日）起算。

另一种观点是，未签订书面劳动合同，对单位的惩罚是按月的，具有可分割性，员工权利被侵害之时就是权利被侵害之日，仲裁时效开始时间应从从未订立书面劳动合同满一月的次日起计算。

我更加认同第二种观点，"未签订书面劳动合同的双倍工资"原本就是对单位的惩罚性规定，未签订书面劳动合同就如同单位拖欠了员工 2020 年 6 月至 10 月的高温补贴一样，拖欠 6 月至 10 月的高温补贴是一个持续行为，但是拖欠的每个月份的高温补贴可以作为独立的权利被侵害，具有可分割性，其仲裁时效应从拖欠 6 月份高温补贴开始分别计算而非拖欠 6—10 月高温补贴结束后开始计算。

那么，存在不可分割的侵害吗？

我想必然是有的，比如，员工和单位谈"分手"。这个事情有时候可能很果决，扔下钥匙拎包就走，但也可能会纠缠很久，冷静很久，最终才能决定离开。那么，是我们开始谈的那一天开始起算时效，还是决定"分手"的那一刻？我想，应当是决定"分手"的那一刻，因为，前面无论谈多久，但都还有挽回的余地，如果挽回了，"分手"也就不会发生。这个谈判的过程很显然是一个完整的整体，不能按天来拆。

最后，有原则便一定有例外，有没有不受上面约束的情形？

答案是：有。

因拖欠劳动报酬发生争议的，仲裁时效的起算，不是从发现没发工资的那天开始起算，而是从劳动关系结束之日起算，将劳动关系结束之日作为当事人知道或者应当知道其权利被侵害之日。

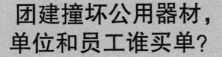

# 第二十二集
# 团建撞坏公用器材，单位和员工谁买单？

周末公司组织羽毛球赛，我们部门没有人报名，牛肉面女士觉得这样显得我们部门对公司组织的活动很不积极，于是指定我去参加比赛。

我本着既去之则尽力的态度，在追击一枚短球的时候冲出了边线，惊天动地地撞在了场地的围墙上，在场地陷入混乱之时，我选择立刻打电话给我的领导，寻求场外援助。

我：牛老师，我负伤了。

牛肉面：辛苦，多喝热水。

我：不是，领导，我想我需要一些医药费，三百块。

牛肉面：这是怎么算出来的？

我：相当于场地押金。

牛肉面：你套用的是什么公式？

我：工会小姐姐说了，我把人家的围墙撞凹了，今天的场地押金人家不退了。

牛肉面：所以围墙伤得更重？这个医药费是赔给围墙的？

我：那倒不是，我受伤了，公司又要赔我医药费，又要承担场地押金，我觉得我休息两天就行，公司只赔场地就行了。

**牛肉面：**这样啊，你看哈，我也不在现场，这个墙也不是我撞的……

**我：**但这个球也不是我要来打的啊，是您非让我报名的，这应该是个职务行为吧？

**牛肉面：**咱们部门是编辑部，又不是体育部、不是球队，你的岗位也不是球员啊。

**我的内心在思考：**

我的行为是否属于职务行为？

**敲键盘：**

　　参加活动不等于职务行为，但是在一定的情况下参加活动可以转化为职务行为。本案中我参加单位组织的活动，就是参加活动，不是行使职务。但参加活动受伤有没有可能认定为工伤呢？这个可能性是存在的，但认定工伤与"职务行为"之间并不互为充要条件。

# 工作失误可以扣钱吗？怎么扣？

一大早，大家就在讨论隔壁办公室有人干错活儿被公司扣钱的事，晚上回家我战战兢兢打开浏览器扒拉了一下，发现张三手滑一键清空了交易记录、李四串行填错了账单、王五情绪失控丢了客户、赵六不慎把隔壁部门刚抢购的厕纸全部掉进了马桶……意外惊喜太多了。

公司能咋办？

可以罚员工做俯卧撑吗？

可以报警吗？

可以要求员工赔偿吗？

赔偿款可以直接从工资里扣吗？

先看《工资支付暂行规定》第 16 条的规定："因劳动者本人原因给用人单位造成经济损失的，用人单位可按照劳动合同的约定要求其赔偿经济损失。经济损失的赔偿，可从劳动者本人的工资中扣除。"

答案是：可以扣，但是扣起来有点复杂。需要先回答几个问题：（1）"经济损失"是否存在？（2）员工是否存在过错？（3）员工的过错与经济损失之间是否存在必然因果关系？

我们举个例子。案例一：小王是一位司机，老李是一位销售。老李今天拉肚子，临时委托小王把一份空白合同送到客户那里盖章。合同拿回来之后，老李发现空白处已经被客户填写，并且填写的价款低于老李之前给客户的报价。

问题来了——

**1. 本案中是否存在经济损失?**

观点一:是。经济损失＝报价差额。

观点二:否。合同一日未签,报价一日不生效,没生效的报价何谈损失?

观点三:不确定。价格差额只是不能满足老李个人的心理预期,还是已经突破公司产品定价的下线?需要补充信息之后再判断。

**2. 小王是否存在过错?**

观点一:无过错。小王只是一名司机,帮忙跑腿而已,签合同不是他的岗位职责。

观点二:有过错。这件事情既然小王接手了,就要负责。

观点三:不确定。老李是如何交代小王的,小王对这个任务了解到什么程度,他的知识水平和专业能力是否足以处理这个任务?均不详。需要补充信息之后再判断。

**3. 老李是否存在过错?**

观点一:有过错。老李不应该给一份空白合同,而应该填好之后再给。

观点二:有过错。老李不应该让一个不懂签合同的人去签合同。

观点三:无过错。老李拉肚子了,他又不是故意的。

观点四:不确定。公司对合同签订流程的要求不详,行业内通行的签约流程不详,需要补充信息之后再判断。

**4. 报价产生差额,是小王造成的吗?**

观点一:是。因为合同是小王拿给客户的。

观点二:不是。因为小王不懂,而且他的本职工作不是签合同。

观点三:不是。因为客户的行为,小王控制不了。

**5. 报价产生差额,是老李造成的吗?**

观点一:是。因为老李给了空白合同。

观点二:不是。因为合同是小王拿给客户的。

观点三:不是。因为客户的行为老李控制不了。

可能大家已经看出来了,我们只是简单列举了一些观点,当然还存在其他的观点。但无论观点有多少,都说明一个问题:扣钱,并不是立即可以操作的,需要调查和分析。

——那公司不愿意调查，就直接扣掉，能咋样？

——简言之，如果经济损失不存在，或者员工不存在过错，或者员工过错与损失之间不存在必然因果关系，那么对工资的扣减，被判断为"未足额支付劳动报酬"的概率将很高。

调查分析已经完成，确因员工过错导致损失，现在可以扣工资了吗？

别急，我们根据调查结果来逐步判断。

案例一：电商平台的张三，由于好奇心重，一键清空了某卖家的交易记录。

问题：交易记录是否可恢复？

①可恢复。

②不可恢复。

如果选②不可恢复，则需要确定"不可恢复"会给平台和卖家带来多少实际损失，这里需要一个客观明确的数额。

如果选①可恢复，那么恢复交易记录是否需要技术支持，是否需要支出费用？

①需要支出费用。

②不需要支出费用。

如果选②，不需要支出费用，那么，抱歉，未造成实际损失，不需要扣工资。

如果选①，则需要确定恢复交易记录所支出的费用金额，也应是一个客观明确的数额。

案例二：客服李四，上班时边刷淘宝边做账单，结果看串行，把账单填错了。

问题：

（1）账单是否还有机会被更正？

①有机会。

②没机会。

不用犹豫，果断选①。客户看到错误的账单还坚持付款的情况，非常鲜见。大多数情况是有机会更正的，比如通知客户忽略该账单、补发更正后的新账单或在下期账单中多退少补等。

（2）账单的更正或补发，是否会导致公司或客户产生额外费用？

① 不产生。

② 产生。

如果选①，不产生额外费用，则意味着，既可更正错误，又不产生额外费用，那么就是没有损失，不需要扣工资。

如果选②，产生了额外费用，同上，需要确认费用金额，需要一个客观确定的数额。

综上，第一步：先确定损失数额。

但是数额确定之后，就可以直接全部扣掉了吗？

答案是：并不能。

《工资支付暂行规定》第16条规定："经济损失的赔偿，可从劳动者本人的工资中扣除。但每月扣除的部分不得超过劳动者当月工资的20%。若扣除后的剩余工资部分低于当地月最低工资标准，则按最低工资标准支付。"

第二步：根据损失数额逐月扣除。且每月扣除的金额不得超过员工当月工资的20%，扣除后的剩余工资不得低于当地月最低工资。

这里还有问题。

Q1：我们就不按月扣，就要一次性扣掉行不行？

答：需要取得员工书面同意，建议就赔偿事项与工资发放事项签订一份比较具体的协议。

Q2：我们不扣工资，直接让员工向公司支付赔偿可不可以？

答：《工资支付暂行规定》第16条规定："经济损失的赔偿，可从劳动者本人的工资中扣除。""可"解释为"可以"，而非"应当"，即可以扣，也可以不扣。如果双方达成一致，由员工另行支付给公司，并没有什么问题。

Q3：无论损失有多大，都可以全部让员工承担吗？

答案是：不一定。

需要根据多种因素确定，包括但不限于员工的过错程度、收入水平和公司管理水平、经营风险等因素……

留步，还有两道附加题。

案例三：王五在去客户公司签约途中未抢到偶象演出票，情绪失控，爽约客户，导致客户不再签约合作。工资怎么扣？

　　参考答案：客户签约合作带来的利益是一种预期利益，预期利益不是能够直接确定的一笔数额，需要基于双方合作内容、合作方式、合作时长、市场规模、未来市场变化等因素综合考虑。如果需要员工承担相应数额，且双方无法就数额达成一致时，可能就需要通过司法途径来确定了。

　　案例四：赵六不慎把隔壁部门刚抢购的厕纸全部掉进了马桶。工资怎么扣？

　　参考答案：以马桶的平均大小来判断，一次性掉进去的厕纸估计最多不超过3卷。通常可以理解为正常损耗。与其科学严谨地确定损失大小，不如与隔壁部门聊一下，私了算了。

# 员工拒签劳动合同，公司也要赔钱吗？[①]

## 真实案情

小张入职京京公司，并签订"新入职员工薪资确认单"，上面载明：入职时间为 2017 年 2 月 24 日，试用期薪资每月 6 600 元，转正薪资每月 8 000 元，试用期时间为 2017 年 2 月 24 日至 5 月 24 日。

2017 年 3 月 13 日，京京公司发出人事任命通知，任命小张为人事部培训主管。

2017 年 4 月 27 日，小张出具收条一份，上面载明：今收到空白劳动合同一式两份，一份保密协议。

小张在劳动合同上标注了很多修改意见后交付京京公司，京京公司收到后未与小张针对修改意见达成一致，最终未签订书面劳动合同。

小张因未签劳动合同对京京公司提起了仲裁与诉讼。

## 庭审主张

**小张主张：**

在职期间，京京公司未与我签订书面劳动合同。

**京京公司主张：**

我司按法律规定要求小张签订书面劳动合同，并且将修改后的劳动合同

---

① 案例来源：北京市第三中级人民法院（2018）京 03 民终字第 1568 号民事判决书。

一式两份多次交付他让他签，但小张以各种理由拒签，有微信对话记录为证，未签订劳动合同是小张造成的，非我公司的过错。

## ⚖ 裁判观点

**一审法院：**

2017 年 4 月 27 日，小张出具收条一份，载明：今收到空白劳动合同一式两份，一份保密协议。小张在劳动合同上书写修改意见后交付京京公司，京京公司收到后未与小张协商一致签订书面劳动合同，故京京公司主张未签订劳动合同系小张造成的意见，本院不予采信，京京公司应当自建立劳动关系满一个月，即 2017 年 3 月 24 日起支付小张未签订劳动合同二倍工资差额。

**二审法院：**

京京公司虽主张未签订劳动合同系小张造成的，但根据本案现有证据尚不足以认定京京公司所主张的事实。一审法院判决结合本案查明的事实认定京京公司应当自 2017 年 3 月 24 日起支付小张未签订劳动合同二倍工资差额及相应金额，亦无不当，本院予以确认。

## 🎓 案例评析

1. 入职薪资确认单是否可以取代劳动合同，虽然业界理解也存在争议，但它大概率不能算是劳动合同。

2. 用人单位主张未与劳动者签订劳动合同系由劳动者造成的，需要承担举证责任。没有证据或者证据不足以证明当事人的事实主张的，由负有举证责任的当事人承担不利后果。

3. 对于劳动者拒绝签订劳动合同的情形，《劳动合同法实施条例》第 5 条已经给了单位解决的途径："自用工之日起一个月内，经用人单位书面通知后，劳动者不与用人单位订立书面劳动合同的，用人单位应当书面通知劳动者终止劳动关系，无需向劳动者支付经济补偿，但是应当依法向劳动者支付其实际工作时间的劳动报酬。"

也就是说，单位在用工之日起一个月内应当当机立断，错过了这段时间，就错过了解决问题的最好时机。

## 📖 知识拓展

《劳动合同法实施条例》

第六条　用人单位自用工之日起超过一个月不满一年未与劳动者订立书面劳动合同的，应当依照劳动合同法第八十二条的规定向劳动者每月支付两倍的工资，并与劳动者补订书面劳动合同；劳动者不与用人单位订立书面劳动合同的，用人单位应当书面通知劳动者终止劳动关系，并依照劳动合同法第四十七条的规定支付经济补偿。

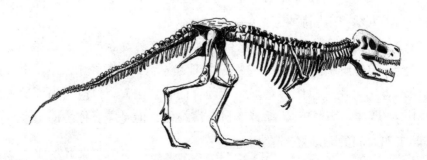

## 第二十三集

# 企业没有工会违法吗？

羽毛球场拒绝退还押金，我只能寻求公司工会主席土豆泥的帮助。

土豆泥：九同学，有什么需要组织帮忙的？

　　我：土主席，我受了委屈，工会一定要为我做主。

土豆泥：求细节。

　　我：中秋的月饼，我没有拿到。

土豆泥：中秋？这都过了快两个月了，大哥。

　　我：所以这个拖欠是不是有点久？

土豆泥：你当时咋不说，现在上哪儿给你买，都过季了。

　　我：我不需要实体月饼，折成现金就行。

土豆泥：啊？工会经费不能这么操作啊。

　　我：那我缺钱咋办？

土豆泥：公司拖欠你工资了？

　　我：那倒没有，但是公司让我赔羽毛球场的押金，我月月光，赔不起。

土豆泥：那个墙是你撞坏的啊！

　　我：你看你也觉得难以置信吧？其实，我认为这里根本不存在不退押金的理由，场地设计明显不合理，围墙都没有用海绵包，木板墙，上面还有好多洞。他们应该赔我医药费，对不？所以公司连坚持都不坚持一下，就同意不退押金，是不是冤大头？

**土豆泥：** 好像是有点……

**我：** 而且"智伤"不属于工伤吗？公司说我上次撞墙属于"智伤"，但至今没给落实工伤待遇。

**土豆泥：** 这"智伤"，追溯源头的话，可能得找到幼儿园。

**我：** 难道工会不帮我主持下正义吗？

---

**我的内心在思考：**

企业没有工会违法吗？工会有义务替员工维权吗？

---

**敲键盘：**

《工会法》第2条规定："工会是职工自愿结合的工人阶级的群众组织。"

在职工没有意愿组织工会且企业也不存在阻挠工会建立的情形的情况下，没有工会不违法，但在劳动合同单方解除通知工会的程序方面审查严格的地区，可能无法满足这个程序性要求。

《工会法》第22条规定："企业、事业单位违反劳动法律、法规规定，有下列侵犯职工劳动权益情形，工会应当代表职工与企业、事业单位交涉，要求企业、事业单位采取措施予以改正；企业、事业单位应当予以研究处理，并向工会作出答复；企业、事业单位拒不改正的，工会可以请求当地人民政府依法作出处理：（一）克扣职工工资的；（二）不提供劳动安全卫生条件的；（三）随意延长劳动时间的；（四）侵犯女职工和未成年工特殊权益的；（五）其他严重侵犯职工劳动权益的。"

**读书笔记 Day 23**

## 员工损坏客户电脑，员工赔还是公司赔？

土主席束手无策，我又必须靠自己了，一不留神，我又在"赔偿损失"的海洋里游出去老远。

张三到客户公司拜访，不小心损坏客户电脑，张三赔还是单位赔？

张三到客户公司拜访，和客户发生口角，一气之下摔了客户电脑，单位赔还是张三赔？

好像谁赔都有道理：一方面，单位并没有要求张三去损害客户电脑；另一方面，张三如果不是为了工作去拜访客户，损害也就不会发生。那就看看法律怎么规定吧。

**1. 张三到客户公司拜访，不小心损坏客户电脑，张三赔还是单位赔？**

《民法典》第1191条第1款规定："用人单位的工作人员因执行工作任务造成他人损害的，由用人单位承担侵权责任。用人单位承担侵权责任后，可以向有故意或者重大过失的工作人员追偿。"

也就是说，如果是因为"执行公务"造成客户损失，单位赔；如果员工存在故意或重大过失，单位可以向员工追偿。那么张三属不属于执行公务呢？

有的同学认为"拜访客户"的部分属于，但"损坏电脑"的部分不属于。

我并不这样看，"执行公务"是一个连续的过程，而不是可被拆分的动作。"损坏电脑"发生在"拜访客户"过程中，如果因为发生了电脑损坏的后果，而去倒推，将"损坏电脑"的单个动作从"拜访客户"的过程中割裂开来，进行单独评价，相当于人为地将收益划归单位，损害划归员工，将原本

157

应由单位承担的经营风险转嫁给员工，这对员工来讲显然是不够公平的。

所以，我更倾向于认为这种情形下，客户的损失由单位赔偿。

**2. 张三到客户公司拜访，和客户发生口角，一气之下摔了客户电脑，单位赔还是张三赔？**

是不是凡因"执行公务"而造成客户损失的，均由单位担责呢？

非也。回顾下前述《民法典》第1191条第1款的规定："……用人单位承担侵权责任后，可以向有故意或者重大过失的工作人员追偿。"

也就是说，如果员工有故意或重大过失，那么最终由员工承担责任，即便单位先行赔付了被侵权人，也可以向员工追偿。

那么，何为"故意或重大过失"，如何界定员工的过错程度？我试图从一个真实案例中一窥司法实践中的裁量尺度。

在区××与广州××汽车租赁有限公司劳动争议案【见广东省广州市花都区人民法院（2020）粤0114民初字第3820号民事判决书】中，员工区××是单位的司机，驾驶单位汽车时发生连环相撞的交通事故，致四车车损及两人受伤，事故认定书认定区××负全责。单位在向受害人先行赔付费用后，起诉要求区××赔偿。

法院认为，虽然事故认定书认定员工全责，但由于本次事故原因为追尾，现有证据并不充分，不宜认定员工存在故意或者重大过失的过错，所以驳回了单位的请求。二审法院对此持相同观点。

从这个案例中我观察到，司法实践中对于向员工归责是相对谨慎的。

所以，在回答"张三到客户公司拜访，和客户发生口角，一气之下摔了客户电脑，单位赔还是张三赔？"的问题时，不宜直接下论断，还需要再深入了解更多细节，才能够作出进一步的判断。比如，是否客户挑衅在先？客户有无采取过激行动？等等。

## 第二十四集

# 工资可以用实物代替吗？

新年的第一个工作日是值得纪念的，因为我收到了从远方寄来的30箱日式调味酱油，寄件人写的是炒栗子姐姐。

**我：** 栗子姐，这是圣诞节的惊喜吗？

**炒栗子：** 这都跨年了还圣诞节？人生哪能天天有惊喜？

**我：** 那这些礼物是写错收件人了？

**炒栗子：** 最近公司和一家酱油厂合作了个项目，但酱油厂资金有点困难，就用他家的产品给咱们结了款，所以咱们这月工资就用这个产品代发了哈。

**我：** "辛辛苦苦一整月，一夜回到解放前"。我要酱油有啥用？我要的是"money，money，money"。

**炒栗子：** 你在这唱歌也没有用，公司最近效益不好，钱也不是大风刮来的。

**我：** 我的工资虽然不是大风刮来的，但真的很像大风刮走的。

**炒栗子：** 反正只有酱油了，慢慢吃别馊着。

**我：** 古有愚公移山，今有蔡九吃酱油？但是怎么也吃不了这么多吧。

**炒栗子**：你可以喝一瓶倒一瓶，体验一把富人的快乐。

**我**：喝一瓶？请看这营养成分表，每15毫升含钠1 000毫克，我怕我营养过剩。

**炒栗子**：那你也可以卖给亲戚朋友。

**我**：那我能打车回家吗？

**炒栗子**：必须能，选择合适的交通工具回家是你的自由。

**我**：我是想说，打车费能不能报销，这么多酱油一次搬不动。还有，能不能给我开个收入证明？本月收入为30箱酱油，我需要向小鸽子解释下为啥不能给她买新包包。

**炒栗子**：收入证明不太方便，倒是可以开个没发包包的证明。

**我**：呃，其实我和小鸽子还有别的矛盾，我租的公寓实在太小了，两个人住好挤的，再加上30箱酱油，我可能必须因此搬个家了，所以退租的违约金、新租公寓的费用、搬家的费用，公司是不是得给报一下？

**炒栗子**：这个报销不了，实在不行你来公司打地铺吧。

**我的内心在思考：**

工资可以用实物代替吗？

**敲键盘：**

《工资支付暂行规定》第5条规定："工资应当以法定货币支付。不得以实物及有价证券替代货币支付。"

读书笔记 Day 24

# 节日礼品可以说不发就不发吗？

工资变成酱油让人很难以接受，但如果是节日礼品可能还说得过去（虽然 30 箱也太……），顺藤摸瓜，我对节日礼品上下求索了一番。

**1. 节日礼品是必须发的吗？**

员工向单位提供劳动，单位有支付工资的下列义务，国家统计局《关于工资总额组成的规定》第 4 条规定："工资总额由下列六个部分组成：（一）计时工资；（二）计件工资；（三）奖金；（四）津贴和补贴；（五）加班加点工资；（六）特殊情况下支付的工资。"

可见，"工资"并不包含节日礼品。所以，节日礼品不属于工资的类别，也不是单位的法定义务。

**2. 节日礼品可以说不发就不发吗？**

财政部《关于企业加强职工福利费财务管理的通知》规定，企业职工福利费包括"为职工卫生保健、生活等发放或支付的各项现金补贴和非货币性福利"。

所以，将节日礼品划归到福利的范畴有一定合理性。

那么，单位的福利说取消就可以取消吗？

《劳动合同法》第 4 条第 2 款规定："用人单位在制定、修改或者决定有关劳动报酬、工作时间、休息休假、劳动安全卫生、保险福利、职工培训、劳动纪律以及劳动定额管理等直接涉及劳动者切身利益的规章制度或者重大事项时，应当经职工代表大会或者全体职工讨论，提出方案和意见，与工会或者职工代表平等协商确定。"

所以如果福利费涉及员工的切身利益，并由规章制度加以确定，我认为，单位不能随意取消，而是应经过民主公示程序。

那么，如果福利未规定在规章制度中，单位就可以随意取消了吗？

非也。需要具体看这项福利的取消是否对员工产生了重大不利影响，如果是，那么员工因此辞职的，单位可能需要支付经济补偿。

我查到了一个案例——阿波与某饮料公司劳动争议纠纷上诉案：阿波刚进公司时，公司为阿波提供了一间生活设施齐全的"豪华单间"，之后公司以阿波不执行领导安排的工作为由收回宿舍，阿波继而离职，主张单位逼迫其辞职，要求单位支付经济补偿金。

"提供员工宿舍"当然不属于工资，也不是单位获取劳动的法定对价。但本案中法院认为，当单位与员工签订的劳动合同中明确约定单位为员工提供免费宿舍，或者员工进单位就依赖单位提供的免费宿舍，那么员工宿舍就有可能变成员工工作的劳动条件，单位不得随意改变。

本案中某饮料公司要求阿波搬离宿舍，相当于变相降低工资，最终迫使阿波离职，所以判决支持了阿波经济补偿的主张。

有的福利或许微不足道，比如两桶花生油，但其他福利可能对员工的正常生活有着重大影响。为员工提供优厚的福利待遇，与员工分享企业发展带来的成果，属于企业经营管理的一部分，但福利待遇并不是一种"恩赐"，不能够随意改变，否则企业可能将为此付出代价。

# 真人真案秀之 ⑫

## 单位执行裁决时应当代扣个税吗？[①]

### 真实案情

2018 年，某广告公司与员工周某发生劳动争议，区劳动人事争议仲裁委员会作出裁决，要求广告公司支付周某提成、经济补偿金等。广告公司在上述裁决生效后，通过转账支付员工上述款项并代扣代缴员工个人所得税，当地税务局向广告公司提供了税收完税证明。

员工周某认为，广告公司代扣代缴自己的个人所得税，导致实际发放数额少于生效裁决确定的数额，要求广告公司补发个人所得税款项，并申请法院启动强制执行程序划拨上述款项。

随后，广告公司提出执行异议，要求法院不予执行，执行法院经过审查，认为执行异议成立，裁定不予执行。员工周某不服，遂向某市中级人民法院提起复议申请。

### 庭审主张

周某：

劳动仲裁委员会判多少就应该给多少，公司支付时不应当代扣代缴个税。而且公司是故意将所有款项一起申报，导致纳税额提高。

---

[①] 案例来源：广东省广州市中级人民法院（2019）粤 01 执复字第 465 号民事判决书。

公司：

扣个税是法定义务，这钱不能给你。而且这税款是税务机关确认过的，并不是故意同时申报导致纳税额提高。

## ⚖ 裁判观点

执行法院：

公司代扣代缴个税是法定义务，视为已经充分履行仲裁裁决数额，无须再给员工。

复议法院：

公司代扣代缴员工个人所得税属于法定义务，该行为同样属于履行裁决。员工认为税款数额有错的，应当另行解决。

## 🎓 案例评析

劳动争议仲裁机构或者法院裁决用人单位向劳动者支付一定数额款项，用人单位在支付的同时代扣代缴个人所得税的行为，是否属于全部履行生效裁决或判决？目前对此存在争议。

一种观点认为，用人单位作为劳动报酬的支付义务人，代扣代缴劳动者的个人所得税是其应履行的法律义务。用人单位代扣代缴的税款，应视为其履行生效判决所确定的给付义务的组成部分，所以可以认为该单位已履行完毕生效法律文书确定的义务，劳动者无权再主张已代扣代缴的个人所得税款项。

另一种观点认为，用人单位应严格按照生效法律文书确定的内容履行。生效判决或裁决已确定用人单位应给付的款项数额为最终的实得数额，如果用人单位认为这个数额应当包含劳动者的个人所得税，则意味着用人单位对判决的数额不认可。这个不认可，属于对生效法律文书内容的异议，用人单位应通过其他法律途径解决（例如审判监督程序），而不是在履行过程中直接扣掉有异议的部分。

本案中，法院采取第一种观点，认为用人单位代扣代缴个人所得税是法定义务，所代扣代缴的款项交付税务局后，即视为全部履行生效法律文书规定的义务。用人单位无须另行向劳动者支付代扣代缴的个人所得税款项。

## 第 二 十 五 集

# 劳动合同没写薪资，
# 单位会被罚款吗？

明年春节，我和小鸽子计划步入婚姻的殿堂，然而小鸽子爸妈担心我能不能买得起婚房，所以提出要了解下我的收入。

**我：** 牛老师，岳父想看我的劳动合同，求证我的月薪。

**牛肉面：** 你都有岳父了啊？

**我：** 未来的。

**牛肉面：** 劳动合同上那么多条款，读起来多复杂，你拉个银行流水不是简单多了？

**我：** 银行流水是税后的，老人家治学严谨，说是必须看合同，不然不同意我们的婚事。

**牛肉面：** 咱合同里也没月薪啊？你还是好好给老丈人普普法吧，干涉婚姻自由是违法的。

**我：** 啥？我的劳动合同里没有写月薪？

**牛肉面：** 你自己签的你不知道？

**我：** 我的那份失踪了，要不，您把公司那份给我复印一下？

**牛肉面：** 这样啊，那不太合适吧？不能说你碗里的汤洒了，就必须喝我的，对不对？

　　　　　　我：等一下，我是不是没签过合同？

　　　牛肉面：呃，……给岳父看是吧？没问题，来，帮你签一份！

　　　　　　我：呃，我不想要合同了，我想要赔偿。

**我的内心在思考：**

劳动合同中必须体现月薪吗？不签劳动合同需要赔偿吗？

**敲键盘：**

　　《劳动合同法》第 17 条规定："劳动合同应当具备以下条款：……（六）劳动报酬。"

　　《劳动合同法实施条例》第 5 条规定："自用工之日起一个月内，经用人单位书面通知后，劳动者不与用人单位订立书面劳动合同的，用人单位应当书面通知劳动者终止劳动关系，无需向劳动者支付经济补偿，但是应当依法向劳动者支付其实际工作时间的劳动报酬。"第 6 条规定："用人单位自用工之日起超过一个月不满一年未与劳动者订立书面劳动合同的，应当依照劳动合同法第八十二条的规定向劳动者每月支付两倍的工资，并与劳动者补订书面劳动合同；劳动者不与用人单位订立书面劳动合同的，用人单位应当书面通知劳动者终止劳动关系，并依照劳动合同法第四十七条的规定支付经济补偿。"

## 公司成立期间，签不了劳动合同怎么办？

我的表哥最近要开公司，想雇清洁工，签劳动合同的时候才发现一个尴尬的问题：公司没成立，也就没公章或者劳动合同章，没法签劳动合同。表哥内心慌得不行，因为办公环境不能不清洁，但听说没签书面劳动合同要支付劳动者双倍工资。为了舒缓表哥的心情，我决定搞清楚这个问题。

首先，可以肯定的是，公司的这种用工关系并非一般意义上的劳动关系，因为：《劳动法》第2条规定："在中华人民共和国境内的企业、个体经济组织（以下统称用人单位）和与之形成劳动关系的劳动者，适用本法。国家机关、事业组织、社会团体和与之建立劳动合同关系的劳动者，依照本法执行。"《劳动合同法》第2条规定："中华人民共和国境内的企业、个体经济组织、民办非企业单位等组织（以下称用人单位）与劳动者建立劳动关系，订立、履行、变更、解除或者终止劳动合同，适用本法。国家机关、事业单位、社会团体和与其建立劳动关系的劳动者，订立、履行、变更、解除或者终止劳动合同，依照本法执行。"

还在成立中的公司没有完成登记，也没有领取营业执照，因此不具备《劳动法》《劳动合同法》规定的用人单位主体资格，其在这段时间的用工，不能简单地认定为一般意义上的劳动关系。

唯一的问题在于：公司成立期间的用工关系是否因后期劳动关系的建立而溯及既往地变更为劳动关系？

一种观点认为：成立中的公司因不具有用人单位资质而无法建立劳动关系，这是既定的事实，其性质无法再被溯及既往地改变。

另一种观点认为：成立中的公司在其成立过程中的雇佣行为已经具有了

认定劳动关系的重要特征——从属性。劳动者接受公司筹备组织的管理，向其提供劳动，不将这一期间的用工行为溯及既往地认定为劳动关系，不利于劳动者合法利益的保护，比如劳动报酬、经济补偿金数额的确定和追索等。因此，这一段时间的用工行为也应当视为劳动关系。

我认为上述观点似乎都有各自的道理。但至少我的表哥可以放心的是，不管这一时期的用工关系是劳务关系、劳动关系还是商务合作关系，由于成立期间公司无法签署书面劳动合同是客观不能，法律不强人所难，所以成立后的公司无须对公司成立期间的用工关系支付应签未签书面劳动合同的双倍工资。

## 第二十六集

# 临时工和小时工一样吗?

小鸽子她们单位有个项目缺人，要招一批小时工，我觉得我体力还可以，想去试试。但考虑到毕竟是去从事第二职业，出于对现任单位的尊重，还是要征求一下我们公司领导的意见。

> **我：**牛老师，我打算趁着年轻多体验生活，去体验一份小时工的工作，下班以后再去的那种，不耽误白天的时间。

> **牛肉面：**小时工？什么时间去？去哪体验？

> **我：**晚上，去别的单位体验。

> **牛肉面：**等一下让我捋捋，你是想体验小时工？还是想体验晚上继续工作？

> **我：**体验小时工。

> **牛肉面：**这个好办，用不着去别的单位体验，咱们自己就可以实现。咱们和 HR 申请一下，把你的劳动合同改成按小时计薪的。

> **我：**不是，牛老师，我是说，我还有一些余力去为社会多做一些贡献。

> **牛肉面：**那就是说，你主要想体验的是晚上继续工作？

> **我：**这么说，好像也对。

**牛肉面：** 那就更应该签成按小时计薪的合同，你看，原来的这种月薪制的劳动合同，你只能白天工作，但改成按小时计薪的，你晚上也可以工作了。

**我：** 月薪制的合同，也不影响晚上工作吧？

**牛肉面：** 月薪制？那你晚上工作，不就得算加班了么？

**我：** 改成小时薪，晚上工作就不算加班了？

**牛肉面：** 小时工哪来的加班？干一小时拿一小时工资，还用考虑加不加班么？

**我：** 您还是没明白我的意思，我是说，我只是想临时体验一下小时工的工作，临时性的，不是要把我和咱们公司的劳动合同彻底改掉。

**牛肉面：** 明白，你的意思是，在白天工作的时候按月计薪，晚上工作的时候按小时计薪，没问题啊，那咱们原有的劳动合同不变，单独针对晚上再签一个按小时计薪的。

**我：** 听着不太对啊，这样的安排看起来真的很像是为了不给我加班费啊！

**牛肉面：** 有什么不对，你晚上去别的单位体验小时工，不也不给加班费？有什么不一样吗？

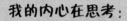

**我的内心在思考：**

临时工和小时工一样吗？小时工需要给加班费吗？

**敲键盘**：

　　临时工和小时工都不是法律概念，这里的"临时"到底是多"临时"，小时是几小时？法律只区分全日制用工、非全日制用工。非全日制用工是同一用人单位一般平均每日工作时间不超过4小时，每周工作时间累计不超过24小时的用工形式。

　　全日制用工应当支付加班工资，非全日制用工超过日均工作时间和每周工作时间限制的，考虑的不再是加班工资的问题，而是不应该适用非全日制的规定。

## 读书笔记 Day 26

# 不上班也可以拿钱?

我一直在想，有没有什么可以不劳而获的方法。我先去翻了翻刑法，发现过于危险。于是乎，我就去翻了翻劳动法，发现还真有……

一言以蔽之，不上班也可以拿钱，但有条件。

《劳动法》第 51 条规定: "劳动者在法定休假日和婚丧假期间以及依法参加社会活动期间，用人单位应当依法支付工资。"

《职工带薪年休假条例》第 2 条规定: "职工在年休假期间享受与正常工作期间相同的工资收入。"

《工资支付暂行规定》第 11 条规定: "劳动者依法享受年休假、探亲假、婚假、丧假期间，用人单位应按劳动合同规定的标准支付劳动者工资。"

《工伤保险条例》第 33 条第 1 款规定: "职工因工作遭受事故伤害或者患职业病需要暂停工作接受工伤医疗的，在停工留薪期内，原工资福利待遇不变，由所在单位按月支付。"

《女职工劳动保护特别规定》第 8 条第 1 款规定: "女职工产假期间的生育津贴，对已经参加生育保险的，按照用人单位上年度职工月平均工资的标准由生育保险基金支付; 对未参加生育保险的，按照女职工产假前工资的标准由用人单位支付。"

再比如，停工停产期间，用人单位有支付劳动报酬和基本生活费的义务。《北京市工资支付规定》第 27 条规定: "非因劳动者本人原因造成用人单位停工、停业的，在一个工资支付周期内，用人单位应当按照提供正常劳动支付劳动者工资; 超过一个工资支付周期的，可以根据劳动者提供的劳动，按照双方新约定的标准支付工资，但不得低于本市最低工资标准; 用人单位没有安排劳动者工作的，应当按照不低于本市最低工资标准的 70% 支付劳动者基本生活费。国家或者本市另有规定的从其规定。"《广东省工资支付条例》第 39 条规定："非因劳动者原因造成用人单位停工、停产，未超过一个工资支付周期（最长三十日）的，用人单位应当按照正常工作时间支付工资。超过一个工资支付周期的，可以根据劳动者提供的劳动，按照双方新约定的标准支付工资；用人单位没有安排劳动者工作的，应当按照不低于当地最低工资标准的百分之八十支付劳动者生活费，生活费发放至企业复工、复产或者解除劳动关系。"

由上述可见，在劳动者享受法定节假日、年假、探亲假、婚丧假、工伤停工留薪期、未参加生育保险的女职工产假期、单位停工停产期等法定期间内，即便未向用人单位提供劳动，用人单位仍有支付劳动报酬或基本生活费的义务。

值得注意的是，尽管都是钱，但基本生活费并不是劳动报酬。因为基本生活费并非劳动者付出劳动的对价，而是用人单位依法应当承担的社会责任。

那在上述法定情形外，我还有没有机会再向公司争取一下呢？比如，因为种种原因，我和公司闹僵了，公司既不安排我工作，我也没工作可做，那我是否有权主张获得工资或基本生活费呢？于是，我又去检索了一下……

可能性一：用人单位无须支付任何费用。[①]

本案中，法院认为，即使用人单位未为劳动者安排工作，但劳动者在一年半的时间里未至单位报到，仅于公司将其"内部除名"的 10 个月后向用人单位发出邮件要求安排工作，显然对于未从事劳动存在重大过错。而用人单位因劳动者旷工单方作出了解除劳动关系的决定，虽客观上该决定未发生法律效力，但用人单位主观上以为双方劳动关系已解除，故不再为劳动者安排工作，亦不再催告劳动者上班符合常理，其对劳动者未提供劳动不存在过错。故用人单位公司无须支付劳动者未提供劳动期间的工资。

可能性二：用人单位仅需支付生活费。[②]

本案中，法院认定，用人单位与劳动者双方在 2018 年 2 月 28 日后，因股东矛盾而处于"互相僵持"的状态，即用人单位不安排工作、劳动者亦无

---

① 参见上海市第二中级人民法院（2020）沪 02 民终字第 5152 号民事判决书。
② 参见北京市第一中级人民法院（2020）京 01 民终字第 7944 号民事判决书。

意提供劳动，但双方劳动关系依然存续，故用人单位应向劳动者支付劳动关系存续期间的生活费，超出该范畴部分法院不予支持。

可能性三：用人单位需支付全额工资。[①]

本案中，法院认为，关于 2019 年 3 月至 5 月期间正常工作时间工资差额的问题，用人单位主张劳动者在 2019 年 3 月至 5 月期间实际并未提供劳动，故不应向劳动者支付该期间的正常工作时间工资差额。但劳动者在该期间未能提供劳动系用人单位的违法调岗行为所致，因此，用人单位应按照劳动者原岗位工资标准向劳动者支付在职期间的劳动报酬。

可能性四：在生活费和全额工资标准之间酌情裁量。[②]

法院认为，本案中，在劳动者要求上班的情况下，用人单位既不安排工作，也不对劳动关系予以处理，应承担一定的过错责任，故在劳动者要求用人单位承担 2012 年 4 月至 2019 年 2 月劳动关系存续期间的工资情况下，用人单位应向劳动者承担支付部分工资的责任。因此，劳动仲裁委员会和一审法院以劳动者病假期间的 44 天工资为基数裁判用人单位支付工资数额为 5 491.16 元，并无不当，但不应表述为"病假工资"，故终审法院将其表述变更为"工资"。

我认为，尽管上述裁判结果各异，但都有各自的道理，都是法院在综合考虑案件实际情况、当事人过错等因素后裁判的结果。

---

[①] 参见广东省佛山市中级人民法院（2020）粤 06 民终字第 8275、8276 号民事判决书。
[②] 参见陕西省西安市中级人民法院（2020）陕 01 民终字第 11251 号民事判决书。

# 真人真案秀之 ⑬

## 辞退也能侵犯名誉权？①

### 📖 真实案情

A 公司总经理梁某于 2009 年 10 月转岗为该公司顾问，并在 2012 年 1 月被选为当地人大代表。

2012 年 7 月 16 日，A 公司作出辞退梁某的决定，并于 7 月 17 日在当地晚报上以 1/4 的版面刊登声明。声明内容为："2012 年 7 月 16 日经我公司董事会、经营班子成员研究决定：鉴于梁某严重违反公司规定，现根据公司《员工手册》的相关规定，给予辞退。自 2012 年 7 月 16 日起执行。自本声明发布之日起，其发生的一切行为均与我公司无关。"

梁某通过该报纸得知辞退决定，诉至法院。一、二审法院均认定 A 公司属违法解除。之后，梁某向法院起诉，要求 A 公司承担侵犯名誉权的责任，刊登道歉声明及赔偿其经济损失与精神损害。

### 🏛 庭审主张

梁某主张：

公司侵犯本人名誉权，理由如下。

1. 公司是违法解除，公司将该辞退决定刊登于报纸上，严重损害了我作为劳动者和人大代表的名誉和社会声誉。

2. 公司主张的旷工、未按时出勤等，与法院判决所认定的事实不符，我

---

① 案例来源：广东省广州市中级人民法院（2016）粤 01 民终字第 9036 号民事判决书。

不存在这些行为。

3. 公司未通知本人就登报公开，存在主观恶意。

4. 我是人大代表，意味着这个辞退决定的影响时间更长，影响范围更广。

## A 公司主张：

我司没有侵犯员工名誉权，理由如下。

1. 根据《最高人民法院关于审理名誉权案件若干问题的解释》（现已失效——编者注）第 4 条的规定，国家机关、社会团体、企事业单位等部门对其管理的人员作出的结论或者处理决定，当事人以其侵害名誉权向人民法院提起诉讼的，人民法院不予受理。我司与梁某的纠纷属于内部事务，人民法院不应受理。

2. 我司刊登该决定是为了避免梁某以我司名义继续活动，是正当的。

3. 登报公开属于用人单位自主权，我司依据未按时出勤事实作出决定，所刊登决定也未作出实质评价，不具有违法性。

4. 所刊登决定未使用贬损、侮辱、诽谤等语气，我司是基于梁某旷工事实作出的决定，主观上无过错。

5. 梁某未证明其名誉受损和社会评价降低，所谓的名誉权受损是个人主观情感体验。

6. 梁某作为市人大代表的名誉、地位并未受到任何损害，人大代表身份不能作为索赔依据。

## ⚖ 裁判观点

### 一审法院：

1. A 公司未给予梁某合理的申辩期，径行将辞退决定登报公开，且使用了含义不明确的"严重违反公司规定"的措辞，该辞退行为系违法解除。A 公司将内部争议扩大到外部，超出了正常管理权限和影响范围。

2. 梁某转任 A 公司顾问已近三年，不可能再以 A 公司名义在外活动。

3. 梁某作为人大代表，具有一定的声誉和社会地位。

综上，A 公司构成侵犯名誉权。

## 二审法院：

1. 另案判决已认定 A 公司系违法解除，且双方明知实际实行的是弹性上班制，所以辞退决定中"梁某严重违反公司规定"属于不实言辞。

2. 该不实言辞经由本地具有相当影响力的报刊用 1/4 版面刊发，超出了用人单位正常的用工管理范畴和合理影响范围，依照一般之社会观念，确实会对梁某的社会声誉造成不良影响。

因此，A 公司构成侵犯名誉权。

## 第二十七集

## 安排岗位以外的工作，需要额外支付报酬吗？

看着小鸽子给我刷的信用卡账单，我陷入了沉思。怎么靠十元钱生存下去，成了我本月的第一个难题。好容易熬到公司给我发工资了，但我看到工资到账提示短信就立即冲到了炒栗子姐姐的工位。

**我：** 姐，我这个月工资少发了 5 000 块。

**炒栗子：** 你每个月工资就 3 000 元，怎么可能少发这么多？

**我：** 公司上个月付了我 8 000 元的工资呢！

**炒栗子：** 那是因为上个月在王府井吃饭，你替牛老师结的账，所以给你的报销款 5 000 元。

**我：** 再上个月公司付了我 10 000 元呢！

**炒栗子：** 嗨，那是上半年度的绩效奖金 7 000 元，哪能天天有？

**我：** 那再上上个月的时候公司付了我 9 000 元的工资呢！

**炒栗子：** 那是之前公司效益好的时候，给员工发的租房补贴，你赶上一回，今年取消了啊。

**我：** 那我上午搬水、下午写稿，晚上还给老板送快递，是不是结一下这些事儿的费用。

**炒栗子：** 九哥，当时给你发 offer 的时候，咱是说好的，一个月打包价

3 000 元。

我：我那时候不知道自己还要兼职快递员、物业协调员、陪酒员、打印机维修员……

炒栗子：公共助理就是大家一起用，不浪费嘛。

我：那这样吧，我一共干了三份工作，你付我三份工资，一共9 000 元。

炒栗子：这孩子，你怎么还越要越多呢？

**我的内心在思考：**

安排员工从事其他工作的，是否需要另行支付劳动报酬？

**敲键盘：**

关键在于如何定义"其他工作"。员工的工作范围与职责往往不是一个一成不变的范畴，而是在某些情况下可能会有部分外延。若单位安排员工从事的其他工作，明显超出其本职工作范围，则此时有可能构成调岗，需要单位与员工协商一致，方可进行。调岗后的报酬如何计算，也需要单位与员工双方共同协商确定。

## 读书笔记 Day 27

# 可以"脚踏两只船"吗?

我常常在思考:一夫一妻制度下,无论男女都要履行忠实义务,否则离婚时可能会被判少分财产。但是,员工在单位工作清闲或有财务上的压力时,可能也会考虑与其他公司再建立一个劳动关系。那么,HR发现员工还和其他公司存在劳动关系时,会有种被背叛的感觉吗?公司发现我与"前任"公司并未"分手"或者我在职期间"出轨"怎么办?公司能开除我吗?公司能不付我工资吗?公司能要求我和另一家公司解除劳动关系吗?

**1.公司可以录用未离职的员工吗?**

《劳动合同法》第91条规定:"用人单位招用与其他用人单位尚未解除或者终止劳动合同的劳动者,给其他用人单位造成损失的,应当承担连带赔偿责任。"由此可知,招用未离职的员工,要么征得原单位的同意,要么要能够确保不会对原单位造成损失。

**2.双重劳动关系可以成为公司解除劳动关系的依据吗?**

《劳动合同法》第39条第4项规定,劳动者同时与其他用人单位建立劳动关系,对完成单位的工作任务造成严重影响,或者经用人单位提出,拒不改正的,用人单位可以解除劳动关系。从该规定可以看出,即使员工有双重劳动关系,公司想要解除劳动合同也是需要满足特定条件的。

**3.法律支持双重劳动关系吗?**

可以说是中立态度,既不表示支持,也不表示反对,但,如果"对完成单位的工作任务造成严重影响,或者经用人单位提出,拒不改正的",公司可以解除劳动关系。

**4. 在两家单位都同意兼职的情况下，员工的社会保险由谁缴纳？发生工伤如何解决？**

劳动和社会保障部《关于实施〈工伤保险条例〉若干问题的意见》第1条规定：职工在两个或两个以上用人单位同时就业的，各用人单位应当分别为职工缴纳工伤保险费。职工发生工伤，由职工受到伤害时其工作的单位依法承担工伤保险责任。

根据该规定，生育、养老、医疗、失业四险的缴纳并未作为各公司的义务。对于无法只缴纳工伤保险费的地区，建议公司慎重考虑。那么购买雇主责任险是否有必要？可以说，有比没有好。

所以，公司在员工入职时，还是要做好必要的审查，或者要求员工在入职时承诺与"前任"公司没有任何关系；如果在已知员工存在双重劳动关系的情况下仍坚持录用的，那么在上述风险之外，至少请记得签劳动合同，避免发生应签未签劳动合同而支付双倍工资的情况。

# 第二十八集

## 加班应该谁举证?

终于又到了每月最开心的一天——发薪日。但我在收到银行到账短信后始终认为是自己眼花了，少看了一个零，确认多次才确定这个月真的只发了2 500元工资。我忍不住去找栗子姐理论。

**我：** 栗子姐，我这月工资又少发了！

**炒栗子：** 怎么可能，咱们只会多发，不会少发的。你再看看去。

**我：** 我仔仔细细看了十几遍银行短信，我还让我爸妈和小鸽子都确认了金额，就是少了。

**炒栗子：** 少了多少?

**我：** 少了好几千块钱呢。

**炒栗子：** 你怎么算的，能少这么多?

**我：** 我每天晚上在公司加班到后半夜才走，周六日也是随时待命为公司做贡献，这些都应该算是我的加班费啊，但这月工资才给我2 500块，一看就是没算我的加班费。

**炒栗子：** 你都来这么久了，还不知道我们公司一般是没有加班费的吗?

**我：** 一般没有? 那就是也有例外呢? 我就是那个例外。

**炒栗子：** 你的例外表现在哪儿? 你加班经过你老板的审批同意了吗? 你

确定你每天晚上在公司耗着，不是在打游戏？不是在追剧？

**我：** 谁说加班还要老板同意，而且我作为那么多人的助理，哪儿还有时间打游戏，因为每天回家晚，小鸽子都要跟我分手了。

**炒栗子：** 来，我给你普及一下公司的制度。首先，加班必须经过老板同意，否则，谁想加班就加班，全都夜里工作白天打盹，公司还不乱套了？其次，即便你老板同意了，你也需要证明你确实是在加班，对不？万一只是追一篇网文追到了天亮呢？

**我：** 我才不追网文呢，别人写的东西我根本不看啊。还有，送外卖的小哥哥可以证明我每天加班到深夜。

---

### 我的内心在思考：

加班的举证责任由谁承担？

---

### 敲键盘：

关于加班费的举证责任，《劳动争议解释（一）》第42条规定："劳动者主张加班费的，应当就加班事实的存在承担举证责任。但劳动者有证据证明用人单位掌握加班事实存在的证据，用人单位不提供的，由用人单位承担不利后果。"

读书笔记 **Day 28**

## 弹性工时真的可以"弹走"加班费吗?

最近我发现,都是在一家公司上班的,为什么有些员工需要按时按点打卡,有些员工没有固定的打卡时间,还有些员工不需要打卡,我的第一感觉就是关系户真多。在八卦心理作祟下,我问了一下栗子姐,得到的回复是"他们是弹性工作制",我立刻回应了"原来如此"(内心则是一头雾水),于是我又踏上了求学之路。

严格讲,没有弹性工时这个说法,提到弹性工时,人们通常想要表达的,应该是特殊工时工作制,包括综合计算工时工作制或不定时工作制。但日常沟通为了方便使用和理解,大家习惯称之为弹性工时,而与之相对的,便是标准工时。

《劳动法》第38条规定,用人单位应当保证劳动者每周至少休息一日。

《国务院关于职工工作时间的规定》第3条规定,国家实行职工每日工作8小时、平均每周工作40小时的工时制度。

标准工时,可以理解为每日工作时间不超过8小时、平均每周工作时间不超过40小时、延长工作时间每日不得超过3小时且每月不得超过36小时、每周至少休息1天的工时制度。

**1. 标准工时是不是周一至周五,每天工作8小时,周六日休息?除此之外的就是弹性工时?**

非也。

周一至周五,每天工作8小时,周六日休息,这只是标准工时中的一种常见表现形式,我国没有法律规定说标准工时的休息日一定是周六日,也没有说每天工作时长就是固定的8小时。

比如在企业依法制定的规章制度中，也可以规定周六日上班，周一周二休息。所以这里是用人单位经营自主权的范围，并非法定。在上述情况下，因为没有改变每日工作8小时、每周工作40小时的状态，所以也属于标准工时。

那么，上班时间为每天9:00—19:00之间，任意在岗8小时，视为正常出勤。这样的，算什么工时？

这个工作时间可以说很弹性了，但依然是以8小时标准工作时长来作为考勤管理的标准，那么它依然是标准工时，只是在标准工时的范围内，对上下班时间做了较为灵活的安排。

说白了，弹性工时并不是一个法律概念，此弹性可能并非彼弹性，既可能是特殊工时，也可能是标准工时。

**2. 基于各种原因没办法执行标准工时的，怎么办？**

企业在特殊工时审批通过后，可以在劳动合同中约定执行特殊工时，即综合工时或不定时工时。但应当注意，即便适用特殊工时制度，也需要在保障职工休息休假权利和生产、工作任务的完成之间取得平衡，依据如下：《关于企业实行不定时工作制和综合计算工时工作制的审批办法》第6条规定，对于实行不定时工作制和综合计算工时工作制等其他工作和休息办法的职工，企业应根据《劳动法》第一章、第四章有关规定，在保障职工身体健康并充分听取职工意见的基础上，采用集中工作、集中休息、轮休调休、弹性工作时间等适当方式，确保职工的休息休假权利和生产、工作任务的完成。

这个意思是说，如果我的劳动合同中约定了不定时工作制，那么单位就可以不限时长地安排我工作，而不需要支付加班费了吗？

我发现这是个有争议的问题。观点一：无加班费，因为是不定时工时制。观点二：虽然约定了不定时工时制，但实际按照标准工时来履行的，相当于以实际行为变更了工时的约定，那么应当按照标准工时计算加班费。

到底哪个说法靠谱？我注意到，与工作休息相关的法律制度大致从以下两方面切入。（1）金钱成本：安排加班，单位需要支付更多的劳动报酬。（2）行政责任成本：如果突破最长加班时间上限，单位需要承担行政责任。

所以，我有了一个直观的感觉：从立法本意来讲，无论是何种工时，实际上都不会允许侵害员工休息权。不信你往下看。

先看综合工时制。首先，每个综合工时的周期内，员工正常工作的总时长不应超出同一周期内按照标准工时计算出的总时长，超出就属于加班，单位需要承担加班成本。其次，综合工时加班的上限和标准工时相同，均是每日不超过 3 小时，每月不超过 36 小时。

再看计件工作。按照《劳动法》第 37 条，对实行计件工作的劳动者，用人单位应当按照标准工时制度合理确定其劳动定额和计件报酬标准；按照《工资支付暂行规定》，实行计件工资的劳动者，在完成计件定额任务后，用人单位安排延长工作时间的，应比照标准工时下工作日延长工作时间、休息日安排工作又不能安排补休、法定休假日安排工作的原则，分别按照劳动者本人法定工作时间计件单价的 150%、200%、300% 支付其工资。

最后看不定时工作制。在广东省高级人民法院（2011）粤高法民一提字第 379 号民事判决书中，法院认为，虽然 ×× 银行对王某所从事的工作岗位实行不定时工作制，但根据原劳动部《关于贯彻执行〈中华人民共和国劳动法〉若干问题的意见》第 67 条和《关于企业实行不定时工作制和综合计算工时工作制的审批办法》第 6 条的规定，对于实行不定时工作制的劳动者，用人单位亦应根据《劳动法》第一章、第四章的有关规定，在保障劳动者身体健康并充分听取劳动者意见的基础上，采用集中工作、集中休息、轮休调休、弹性工作时间等适当方式，确保劳动者的休息休假权利。因此，不定时工作制作为一种工作制度，在标准工时外的时间进行工作虽然不能算作加班，但仍应执行平均每日不超过 8 小时、平均每周不超过 40 小时的工时制度。如果超过该限度，超过部分仍应视为加班。

真人真案秀之 ⑭

# 公司通过 APP 向个人派单，是劳动关系吗？①

## 真实案情

李某在 A 公司 APP 上注册为维修工程师，从事家电修理。

A 公司主页显示："A 公司是一家专业的家电维修服务的公司……统一管理、统一培训、统一着装、执证上岗，维修人员素质高、服务好，所有维修人员均有国家劳动部颁发的等级证书，并每年接受厂家的维修培训，经过严格考核，审批合格后上岗。"

A 公司通过 APP 向李某派单，APP 上无法实现自主抢单或拒接，如个人不愿意接受当前派单，需人工通过电话告知公司。

李某使用的维修工具由其自行准备，耗材可从公司领取或自行采购。

李某每月无固定报酬标准，按维修成功率提成，每月由 A 公司通过银行转账支付。

2017 年 8 月 11 日，李某去维修家电途中发生交通事故导致锁骨骨折，事发后 A 公司不同意认定工伤，故李某提起仲裁与诉讼，要求确认与 A 公司存在劳动关系。

一审庭审中，李某提交"居间协议"，其中约定李某（甲方）委托 A 公司（乙方）提供家电设备的安装、维修、保养信息，居间成功后，李某同意向 A 公司计付居间费用。

---

① 案例来源：北京市东城区人民法院（2018）京 0101 民初字第 16704 号民事判决书。

## 🏛 庭审主张

李某主张：

A 公司和我有劳动关系，理由如下。

1. 虽未签订劳动合同，但我为 A 公司提供了劳动。

2. 每月收入不固定，是因为双方约定的是计件工资。

3. 《A 公司业务承揽人员李某 1—7 月提留结算明细》证明公司按月给我发放工资。

4. 工作证显示为"×××家庭维修公司"，我的职位是维修工程师。

A 公司主张：

我司和李某无劳动关系，理由如下。

1. 我司只是 APP 平台，双方为承揽关系。

2. 双方签有"居间协议"，约定：A 公司（甲方）委托李某（乙方）在本协议约定的区域内提供家用电器设备的安装、维修、保养信息，并协助李某与潜在客户达成家用电器设备安装、维修、保养意向；李某同意按实收安装、维修、保养费总额的 50%—70% 向 A 公司计付居间费用，居间费用每月结算一次。

3. 我司对李某的工作量、工作时长、工作区域等没有强制性要求。

4. 工作证显示的"×××家庭维修公司"为我司母公司，并非我司，且我司经营范围是技术服务。

## ⚖ 裁判观点

劳动仲裁：

驳回李某的仲裁请求。

一审法院：

1. "居间协议"由李某（原告）本人提交，根据该协议条款，无法认定双方之间存在劳动关系。

2.李某所从事的工作非 A 公司经营范围，其日常工作中使用的并非 A 公司提供的工具，亦无须接受 A 公司的考勤或其他制度管理，双方之间不存在紧密的人身依附性。

3.虽 A 公司每月通过银行转账方式向李某支付报酬，但该报酬系根据李某的接单数量、维修成功率等进行核算，每月并无固定工资。

综上，双方之间不存在劳动法意义上的从属性，不具备劳动关系的法律特征。故李某要求确认双方存在劳动关系，于法无据，本院不予支持。

## 案例评析

裁判要以事实为依据，以法律为准绳。

什么是事实？

事实依赖于证据。

## 第二十九集

# 男生也可以休产假吗?

最近八鸽家的亲戚结婚生子,让人看了好生羡慕,羡慕到不禁想休产假,早日体验抚养下一代的快乐。

**我:** 牛老师,我想请假。

**牛肉面:** 又来了,这回是什么?病假?事假?探亲假?

**我:** 都不是,我想休产假。

**牛肉面:** 人类奇观啊,别忙着休产假了,去申请诺贝尔医学奖吧。

**我:** 没想到我在医学领域小有研究的事这么快就暴露了?

**牛肉面:** 你研究什么了?

**我:** 关于小蝌蚪找妈妈与潮汐力的深层牵引。

**牛肉面:** 青蛙放在一边,我觉得你本身更有成为医学研究对象的潜质。

**我:** 是小蝌蚪,不是青蛙……那您就快点给我批假吧,我好潜心做些学术研究?而且上回我不是休了探亲假吗,我记得公司休三天探亲假,送两天产假。

**牛肉面:** 从来没有过,你在哪看到的?

**我:** 我自己想的,我认为可以加上。

**牛肉面:** 年轻人都像你这么爱幻想吗?

**我:** 人要是没有奢望,那跟无忧无虑又有什么区别呢?

牛肉面：不批，男生怎么休产假？

我：我查了法律规定，男生晚婚晚育的可以陪产。

牛肉面：晚婚晚育？那你是不符合了，我记得你还没结婚吧？

我：不是我生孩子，是我女朋友的表弟的表姑的三姨的儿媳妇。

牛肉面：这亲戚够远的啊，等我捯捯哈。

我：您别捯了，我就是想在女朋友面前表现一下自己，看能不能帮她们家伺侯伺侯月子。

牛肉面：那你这还是事假。

我：对啊，事假不是咱们公司不给批吗？

牛肉面：人家坐月子，你凑什么热闹？你不如直接花钱替人家请个月嫂。

我：开玩笑，从小到大，只要是能用钱解决的问题，我一个也解决不了。

**我的内心在思考：**

男生也可以休产假吗？

**敲键盘：**

答案是：陪产假期还是有的。各地对女职工配偶陪产的假期有不同的规定，以北京为例。《北京市人口与计划生育条例》第18条第1款规定："机关、企业事业单位、社会团体和其他组织的女职工，按规定生育的，除享受国家规定的产假外，享受生育奖励假三十天，其配偶享受陪产假十五天。女职工及其配偶休假期间，机关、企业事业单位、社会团体和其他组织不得降低其工资、予以辞退、与其解除劳动或者聘用合同。"

# 决定离职后发现怀孕，可以反悔吗？

　　我的好友小花在一家公司做审计，公司因发展需要和小花协商一致解除劳动关系，签订解除协议后，公司向小花支付了经济补偿金。小花离职后去体检，发现自己怀孕，便将公司告到仲裁委，要求回公司继续上班。我作为一个热心市民非常着急。

　　公司能咋办？

　　小花签订协议时知道自己怀孕吗？

　　协商一致解除劳动关系的协议有效吗？

　　小花能回来继续上班吗？

**1. 企业不能和孕期女职工解除劳动关系？**

　　这是真的，《劳动合同法》第42条规定："劳动者有下列情形之一的，用人单位不得依照本法第四十条、第四十一条的规定解除劳动合同：……（四）女职工在孕期、产期、哺乳期的……"

　　这就是说，女职工在孕期、产期、哺乳期内：（1）用人单位不得依据劳动合同到期为由终止劳动合同，劳动合同应当延续至相应的情形消失时终止。（2）用人单位不得以不胜任工作、客观情况发生重大变化、医疗期满或"经济性裁员"为由向孕期、产期、哺乳期内的女职工单方提出解除劳动合同。

**2. 企业任何时候都不能和孕期女职工解除劳动关系吗？**

　　那倒不至于。

　　《劳动合同法》第42条中没有规定的情形，仍然是可以适用的。即女职工在孕期、产期、哺乳期内：（1）用人单位与劳动者协商一致，可以解除劳动合同。（2）依据《劳动合同法》第39条，用人单位可以解除劳动合同。

所以，本案中公司和小花协商一致解除劳动关系，是可以的。

但是，小花签完协议才发现自己怀孕，那么，小花和公司签订的解除协议是否有效？

公司没有实施欺诈行为，也没有胁迫小花，协议的内容也不违反法律、行政法规的强制性规定。那么，协议应当有效。

可是，小花没有发现自己怀孕，是否属于重大误解？并可以以此为由请求裁审机构撤销解除协议？

这个问题就有争议了。

观点一：如果小花能通过化验单、病历本佐证在签订该协议时不可能发现、也无法预见到自己怀孕的事实，这类情形应当属于重大误解，解除协议应予以撤销。

观点二：小花同意签署解除协议是小花的真实意思表示，小花作为具有完全行为能力的民事主体，应对其协议上的签字行为承担法律责任，并诚实信用地履行该协议，小花的怀孕不属于重大误解，该解除协议真实有效。

所以，公司是否应当安排小花继续上班，取决于：（1）小花能否充分证明怀孕是在签署解除协议之前；（2）小花是否确实没有能力预见自己当时的状态；（3）裁判机关对重大误解等可撤销事由的理解与适用。

当然，这些事都是小事，最重要还是好好生孩子，好好过日子。

## 协商解除劳动合同可以不给补偿吗？

正在我完成了今天的学习任务准备熄灯之际，隔壁老王给我打了个电话，抱怨说，他和公司协商解除劳动关系，公司没有支付他经济补偿金。以见义勇为作为主要业余爱好的我，从暖和的被窝里爬出来，为老王找答案。

故事得从头开始说，老王体检回来打算戒酒，多次婉拒公司酒局后，领导觉得老王工作能力不行。领导和HR轮番上阵，说服老王同意并签订了"解除劳动关系协议"。协议约定，公司不支付任何经济补偿。

老王回家后，感觉自己被忽悠了，遂将公司告上仲裁委，要求公司按照法定标准支付经济补偿金。

老王向我提出的问题是：（1）可以以工作能力不行为由协商解除劳动关

系吗？（2）0元经济补偿金的协商解除协议有效吗？

先看问题一：能否以员工工作能力不行为由，和员工协商解除劳动关系？

答：协商解除劳动关系，不考察理由。

协商解除是用人单位和劳动者的意思自治，与劳动者能力、公司环境、绩效考核无关，随时可以安排，只要双方同意。

虽然《劳动合同法》第40条规定，如果劳动者不能胜任工作，经过培训或者调整工作岗位，仍不能胜任工作的，用人单位提前30日以书面形式通知劳动者本人或者额外支付劳动者一个月工资后，可以解除劳动合同。但这种方式与协商解除并不冲突，还省却了双方对考核标准的争执和举证的困难。

问题二：0元经济补偿金的协商解除协议有效吗？

协议是否有效，要先看它是否有无效的情形。老王和单位协商的过程中，单位有没有欺诈、胁迫的情形，有没有损害社会公共利益，有没有"违反法律、行政法规的强制性规定"的情形。

老王说，没有欺诈、胁迫，没有损害社会公共利益，但他认为这个协议违反了《劳动合同法》第46条的规定，即用人单位依照本法第36条规定向劳动者提出解除劳动合同并与劳动者协商一致解除劳动合同的，用人单位应当向劳动者支付经济补偿。

但是，《劳动合同法》第46条属于效力性强制性规定吗？

这个问题有争议。

一种观点认为，劳动者处分自有权利，要求法定标准以下的补偿金额是其意思自治的表现，应当认定为合法有效。

另一种观点认为，劳动者对于单位存在一定的人身依附性，属于较为弱势的一方，所以劳动者放弃法定标准的补偿与赔偿，属于显失公平的情形，应当有权利要求裁审机构做出纠正。

说来说去，双方之间的争议就在于，解除劳动关系的方式和其对应的经济补偿不匹配。如果老王真打算放弃补偿，与其签一份0元补偿金的解除协议，还不如直接提交一份辞职信更简单清爽。

老王的官司还没有打完，希望他能得到自己满意的结果。

## 第三十集

# 出轨应该被开除吗？

我早上在地铁上刷微博的时候，突然看到一条和自己有关的热搜，"水果干文化传媒公司副总裁出轨某网红"。这可是我长这么大离热搜最近的一次，想想上次见副总裁蒸南瓜还是新人培训的时候，没想到这么快再见竟然是在微博热搜上。

**我：** 你听说副总裁南瓜出轨了吗？

**炒栗子：** 人家叫"蒸南瓜"，不叫"南瓜"。我早就看完热搜了，据说这都不是他第一次被发现出轨了。

**我：** 哦，不知道今天能不能见到这位南瓜君，好奇他进门的时候先迈左脚还是右脚？

**炒栗子：** 都说了不是"南瓜"，是"蒸南瓜"。

**我：** "蒸南瓜"不是用南瓜蒸的？

**炒栗子：** 这么说好像也对。他今天不来了，公司已经给他发辞退通知了。

**我：** 啊？后果这么严重？这是人家的私事吧，公司这也要操心？

**炒栗子：** 但他践踏社会道德底线了吧？

**我：** 啊？那我上周悄悄拿了一卷卫生纸回家，是不是也践踏了社会道德底线？公司会开掉我么？

**炒栗子**：我觉得问题不大，你这事毕竟没上热搜，而且你这不还自首了么？

**我**：所以，南瓜不是因为践踏道德底线被辞退的，而是因为上了热搜？

**炒栗子**：也可以这么理解。

**我**：这个太冤了吧？热搜又不是他想上就能上的。

**炒栗子**：这个事不看意愿只看结果，太损毁我们百年企业的形象了。

**我**：咱们公司都有一百年了？

**炒栗子**：没，我这就是打个比方。

---

**我的内心在思考**：

能否因员工的绯闻上热搜而开除员工？

---

**敲键盘**：

《劳动合同法》第 39 条第 2 项规定："劳动者有下列情形之一的，用人单位可以解除劳动合同……（二）严重违反用人单位的规章制度的……"

禁止绯闻，能不能纳入规章制度？这还是需要综合考量的，既要看是否出于企业经营管理的必要性，也要考虑规章制度内容的合理性和公平性，还要经过民主公示等合法程序，同时要考察各方举证的难易程度。

读书笔记 **Day 30**

# 关于无固定期限劳动合同，你不知道的一些事

听说签订无固定期限劳动合同，就可以让公司"养我一辈子"，永远不能和我解除合同，比爱情还要长久，比亲情还要牢固。今天我就准备深入研究一下。

**1. 无固定期限劳动合同在什么时候会出现？**

（1）协商订立。《劳动合同法》第 14 条第 2 款第一句规定："用人单位与劳动者协商一致，可以订立无固定期限劳动合同。"

（2）依法订立。《劳动合同法》第 14 条第 2 款第二句规定："有下列情形之一，劳动者提出或者同意续订、订立劳动合同的，除劳动者提出订立固定期限劳动合同外，应当订立无固定期限劳动合同：（一）劳动者在该用人单位连续工作满十年的；（二）用人单位初次实行劳动合同制度或者国有企业改制重新订立劳动合同时，劳动者在该用人单位连续工作满十年且距法定退休年龄不足十年的；（三）连续订立二次固定期限劳动合同，且劳动者没有本法第三十九条和第四十条第一项、第二项规定的情形，续订劳动合同的。"

（3）视为订立。《劳动合同法》第 14 条第 3 款规定：用人单位自用工之日起满一年不与劳动者订立书面劳动合同的，视为用人单位与劳动者已订立无固定期限劳动合同。

**2. 符合上述法定条件时，必须签订无固定期限劳动合同吗？**

还是《劳动合同法》第 14 条第 2 款的规定："劳动者提出或者同意续订、订立劳动合同的，除劳动者提出订立固定期限劳动合同外，应当订立无固定期限劳动合同"。

这句话怎么理解呢？

当《劳动合同法》第 14 条第 2 款第 1—3 项中的任意一项情况出现时，员工提出续订劳动合同，或企业提出续订劳动合同的，企业都必须与员工签订无固定期限劳动合同。除非员工明确要求签署固定期限劳动合同。也就是说，只要任意一方提出续约，是否签订无固定期限合同的选择权就给了员工。

**3. 如果员工签署了固定期限合同，是否意味着员工已经做出了选择，且选择的是固定期限，而不是无固定期限？**

对于这个问题，各地司法实践不尽相同。上海地区对用人单位的举证要求相对宽松，通常会认定为固定期限。

**4. 与两家关联公司分别轮换签固定期限劳动合同，那么签订固定期限合同的次数，可以不连续计算吗？**

这么做恐怕并不能回避无固定期限合同的签署。

例如，广东省高级人民法院、广东省劳动争议仲裁委员会颁布的《关于适用〈劳动争议调解仲裁法〉、〈劳动合同法〉若干问题的指导意见》明确指出，以通过设立关联企业，在与劳动者签订合同时交替变换用人单位名称恶意规避《劳动合同法》第 14 条，应认定为无效行为，劳动者的工作年限和订立固定期限劳动合同的次数仍应连续计算。

**5. 无固定期限劳动合同到底有多可怕？**

其实，无固定期限和固定期限，只是在合同结束事由上有一点差别，且差别仅在于，无固定期限劳动合同，无法因合同到期而终止。也就是说，除了不能因为到期而终止之外，其他的解除和终止条件，与固定期限合同都是一样的。

# 离职手续办完后发生交通事故，还算工伤吗？[①]

## 真实案情

2017 年 7 月 28 日，王某与 A 公司（劳务派遣单位）签订劳动合同。

3 天后（7 月 31 日），王某被 A 公司派遣至 B 公司（用工单位）。

同日（7 月 31 日），王某在参加 B 公司岗位培训后，提交辞职申请，理由是"不想做"。当天，B 公司同意办理离职手续。手续办完后，王某于当天（7 月 31 日）13 时 22 分离开 B 公司，13 时 23 分许，王某与一货车相撞致身亡。

道路交通事故认定书载明，王某在该起事故中不承担责任。

王某家属向区人社局提出工伤认定申请，A、B 公司均不服认定，提起行政复议、行政诉讼。

## 庭审主张

A、B 公司主张：

这不是工伤，理由如下。

1. 王某办理离职手续后就不再是公司的职工，该交通事故并非发生在上下班途中。

2. B 公司至事发地路线图，证明 B 公司到事发地点仅需几分钟时间，王某于 12 点前离开公司，其应当系离开公司后又折返，故该交通事故亦非发生

---

① 案例来源：上海市第一中级人民法院（2018）沪 01 行终字第 1436 号行政判决书。

在合理时间和合理路线内。

3. 区人社局和市人社局据以认定工伤的监控视频来源不明、时长仅四分钟左右且图像模糊,不能确认为王某本人。

## 区、市人社局主张:

这是工伤,理由如下。

1. 事发当天,王某到公司上班了。

2. 人社局工作人员到当地派出所监控室,已调查核实王某家属提供的视频截图相关情况,并且对相关人员进行调查。

3. 根据视频监控显示,事发当日王某办理离职手续后离开 B 公司时间为 13 时 22 分左右,其后于几分钟内发生交通事故,属于下班途中的合理时间和合理路线,王某不承担事故责任,依法应予认定为工伤。

## 裁判观点

### 一审法院:

1. 根据《工伤保险条例》的立法宗旨,工伤保险制度以保护劳动者的合法权益、为用人单位分担工伤风险为主要价值取向。工伤认定案件涉及对劳动者、用人单位、用工单位等各方利益的权衡,行政审判既要进行合法性审查,也要进行相应的价值判断,其中关于劳动者的合法权益保护始终位于首要地位。

2. 王某向用工单位申请辞职,并不当然发生与用人单位解除劳动关系的法律效力。

3. 王某从用工单位离职当日离开公司回家的行为应当认定为下班。

4. 王某在离开 B 公司几分钟内,在回家方向的道路上发生交通事故,属于下班途中的合理时间和合理路线,且王某不承担事故责任。

故一审法院认为是工伤。

二审法院：

1.区人社局具有认定工伤的法定职权，认定事实清楚，适用法律正确。

2.认可一审法院对于王某发生交通事故是否在下班途中以及是否发生在合理时间和合理路线的阐述。

3.区人社局提供的证据已能证明 2017 年 7 月 31 日 A 公司工作人员王某在下班途中发生了其不承担责任的交通事故。

故二审法院认为是工伤。

## 案例评析

法院裁判重点："工伤保险制度以保护劳动者的合法权益、为用人单位分担工伤风险为主要价值取向。工伤认定案件涉及对劳动者、用人单位、用工单位等各方利益的权衡，行政审判既要进行合法性审查，也要进行相应的价值判断，其中关于劳动者的合法权益保护始终位于首要地位。"

## 第四篇

# 换乘线路多，从头再来吧

## 第三十一集

# 违纪扣款有上限吗？

还是一月一次的发薪日，我收到了财务同事李四用邮件发送的工资明细，居然惊喜地在邮件附件中看到了公司全员的薪资表，简直了，牛肉面老师的工资得是我的 10 倍都多。

我"吃瓜"吃得正起劲儿的时候，被炒栗子叫到了会议室。

**炒栗子：**来，签个字，确认你给公司造成的损失。

**我：**啊？我昨天悄悄拿了公司一个纸杯被发现了？

**炒栗子：**这个还真没发现。

**我：**看来是虚惊一场。

**炒栗子：**这个"惊"可不虚，发工资的时候把全员的工资明细，群发给了全员。现在全公司都互相知道了工资。这个损失有多大你知道么？你是不是得承担责任？

**我：**谁给全员发的啊？我就拿了个纸杯，不至于触发全员邮件吧？纸杯下面是设了什么机关吗？

**炒栗子：**财务的李四发的。

**我：**对啊，那跟我有什么关系？

**炒栗子：**李四用来做工资明细的那个表格是你给他的。

**我**：这个因果关系有点突然吧？表格确实是我给的，但里面内容不是我填的啊。

**炒栗子**：那你收到他群发的工资明细，打开看了吗？

**我**：必然看了啊，傻子才不看呢。

**炒栗子**：那这不还是给公司造成损失了吗？

**炒栗子**：取个整，三万。

**我**：这个整是从多少取过来的？我只是看了一下牛老师的工资，就有三万的损失？能给我科普一下您的计算过程吗？

**炒栗子**：违反保密义务，严重影响安定团结，哪条不值三万？

**我**：栗子姐，您多虑了啊。我现在看到牛老师的工资，更有为公司效劳一辈子的想法了，这大大提高了我奋斗进取的积极性。我相信其他同事也都是和我一样的心情，工作氛围即将达到空前和谐。所以，您说大家是不是应该感谢我？再说了，违反保密义务的是李四，并不是我。

**炒栗子**：那你和李四各承担一半？

**我**：这事儿您是不是得先和李四商量一下？

**炒栗子**：成交，那就从你俩下月工资里直接扣吧。

·············

**牛肉面**：醒醒了大哥，开会你都能睡着？你能不能倒倒时差，晚上休息，白天上班啊？

太好了，果然又是虚惊一场，一身冷汗，不用看，肯定是空调又坏了。

**我的内心在思考**：

违反保密义务是违纪吗？违纪扣款有上限吗？

**敲键盘**：

违反保密义务是不是违纪，需要看用人单位的规章制度是否对此有明确规定。但是，即便规章制度中对此没有明确规定，劳动者也应自觉履行保密义务，否则可能会因违反诚实信用原则和《反不正当竞争法》而被要求承担相关民事责任。

违纪扣款存在上限，理论上而言，自然是不应该超过劳动者因违纪造成的损失数额。但实践中，法院一般很少会支持全额赔偿。在个案中，一般会结合劳动者的过错程度、薪资水平以及用人单位的经营风险、管控制度等综合进行考虑，以确定劳动者需要对此承担的责任数额和比例。用人单位在制定相关扣款数额罚则时也应合理、适当，不能过分减损劳动者的权利。

# 读书笔记 Day 31

## 岗前培训要上社保吗?

上岗一天就需要给员工缴纳社会保险?

入职当月就需要给员工缴纳社会保险?

这是一个我一直没有想通的问题。

《中华人民共和国社会保险法》第 58 条规定:"用人单位应当自用工之日起三十日内为其职工向社会保险经办机构申请办理社会保险登记。"

目前对该规定有两种看法。

其一,该规定是强调办理社保登记的时间需要在 30 日内,并不是约束员工入职时间需要满足 30 日,因此无论员工入职多少天,单位都应当在 30 日内为员工办理社会保险登记。

其二,若员工在 30 日内离职了,就不属于单位的职工,那单位就不需要在 30 日内为其办理社会保险登记。

我觉得这两种观点都过于极端。

"社保截点"是我最近刚获得的新知识。

实际上社会保险的登记并不是可以随时办理的,根据每个地区政策的不同,办理社会保险登记的时间也会有所不同,这就是所谓的"社保截点"。

"社保截点"决定了单位当月何时能够办理社会保险登记,若当月无法在"社保截点"前办理社会保险登记,就无法确保员工当月能参加社会保险。

举个例子。

假设当地的社会保险是"当月增当月",且"社保截点"是 14 日,员工入职的时间是 2 月 16 日,晚于 2 月 14 日,那么单位是无法在 2 月给员工办理社会保险登记的,只能在 3 月办理。而按照"当月增当月"的要求,3 月登记，就只能缴纳3月的社保，而没办法缴纳2月的。于是，无论员工是否在未来30日内离职，2月份的社会保险都无法正常缴纳。

还是这个例子：如果员工在2月16日入职，2月20日离职，单位还需要为员工办理社会保险登记吗？

我觉得登记已经没什么意义了，因为登记只能在3月完成，而员工3月份与单位并不存在劳动关系，单位并不需要给员工缴纳3月的社会保险。

但我还有疑问：继续看这个例子，如果员工2月16日入职，2月18日发生工伤，怎么办？工伤保险大概率是不赔付的，因为单位根本没有缴纳社保。但没缴纳似乎又不是单位的过错，只是因为入职时间错过了当月的"社保截点"，没办法登记、没办法缴纳。想出钱但是没人收，这种情况下，工伤谁买单？

我又仔细想了想，无论是社会保险还是商业保险，只要按照保险的逻辑，都不太可能在不缴纳保费的情况下同意赔付，因此，既然没有缴纳社会保险，那么社保不予赔付，这个逻辑是成立的。但缴不缴得上，确实又不是单位能够左右的，应该怎么看待这个问题呢？

我忽然想通了，虽然单位不能决定"社保截点"，但员工的入职时间，是可以重新安排的。也就是说，员工在什么时间入职，单位对于这一点是有自主性的，为了规避出现上述这种"无人买单"的风险，单位应该更审慎地利用这个自主性。

最后，岗前培训要不要上社保，还是要看其是不是被认定为劳动关系：如果是劳动关系，那么道理同上；如果不是，则另当别论。

3

## 第三十二集
## 员工因单位搬迁不上班，可以解聘吗？

今天是周一，我早早地就来到了公司，却看到办公室一片狼藉，人去楼空。吓得我赶紧给有关人士打电话。

我：牛老师不好了。

牛肉面：你才不好了。

我：我刚到公司，发现东西全都搬空了，一个人都没有了。这是遭贼了吗？你们要是被绑架了就眨眨眼。

牛肉面：我眨不眨眼你也看不见啊。再说公司好着呢，大家都在干活，就你没在，你这是为了迟到找的借口吗？还挺别致。

我：这是平行时空了吗？我真的一个人也没看见啊。

牛肉面：你不会还去的原来的办公室吧？公司搬家了，现在在卷心菜路。

我：我还以为是为了不给我发工资跑路了！也没人通知我啊！

牛肉面：怎么别人都知道，就你不知道？

我：我怀疑这就是为了躲着我连夜搬的，生怕我知道一样。而且卷心菜路离我家太远了。

牛肉面：市中心租金太高，水电费翻倍涨，我们公司和辣白菜公司合并

　　　　了，节省成本，搬到他们这边。

**我：**那能不能给我涨工资？

**牛肉面：**涨工资是依据什么？

**我：**搬到那边我宝贵的睡眠时间一天少了两个小时，涨工资是为了补偿我的睡眠。

**牛肉面：**你的睡眠值多少钱？

**我：**至少一百万。

**牛肉面：**做什么梦呢？

**我：**当然是数钱的梦，少睡一个小时就损失好几百万啊。百万资产一睁眼就没了。

**牛肉面：**这个理由不成立。

**我：**那我换个理由。您看，公司搬家了，我的通勤时间是不是增加了？我得把路面上的交通工具都坐一遍，单程至少要 4 个小时，往返就是 8 个小时，这是不是值得给我一些额外补贴？

**牛肉面：**往返 8 个小时那就是一天全在路上了吧？这不是补贴能解决的，你确实可以考虑下辞职了。

**我：**呃，倒也没那么严重，我还是可以在家办公的。

**牛肉面：**在家怎么办公？需要换桶装水的时候，你从阳台把水搬到卧室？需要换电灯泡的时候，你给你邻居换一个？那不解决问题啊。

**我：**您可以给我换一个可以在家办公的岗位。

**牛肉面：**咱们这儿别的岗位也不缺人啊。

**我：**您这好像是要辞退我啊，那经济补偿金、之前没发的加班费，是不是都要算清楚啊？

**牛肉面：**一大早哪那么多废话啊，赶紧的吧，开会就差你了，再磨蹭一会儿，迟到就变旷工了。

**我：**哎哎来了，您别急，我这已经下地铁了！

**我的内心在思考：**

单位被合并，原劳动合同效力受影响吗？员工因为单位搬迁不上班，可以解聘吗？

**敲键盘：**

单位合并不影响劳动合同的效力。

员工因单位搬迁不来上班，是否可以据此解聘不能一概而论。

《劳动合同法》第 40 条第 3 项规定，"劳动合同订立时所依据的客观情况发生重大变化，致使劳动合同无法履行，经用人单位与劳动者协商，未能就变更劳动合同内容达成协议的"，用人单位提前 30 日以书面形式通知劳动者本人或者额外支付劳动者一个月工资后，可以解除劳动合同。

至于用人单位搬迁是否属于这里规定的"客观情况发生重大变化"，需要在个案中结合多种因素考虑，比如劳动者的通勤时间、距离、成本是否显著延长或增加，用人单位是否提供了相应交通工具、通勤补贴，是否给劳动者的工作、生活造成显著不便抑或没有实质影响等。如果用人单位搬迁并未对劳动者提供劳动造成实质障碍，劳动者仅以单位搬迁为由拒不上班、拒不提供劳动，其行为已经达到严重旷工或严重违反规章制度的，用人单位或可以此为由与劳动者解除劳动合同。

## 读书笔记 Day 32

# 员工旷工，企业必须发返岗通知吗?

今天和小鸽子说起公司搬家的事，她反问了我一个问题：公司给你发"返岗通知书"了吗？这真是一个陌生的词汇，但还没等我细问，她就去忙着照料她的荷兰猪了……所以，鉴于我体贴男朋友的属性，我决定把小鸽子留给荷兰猪，把疑惑留给我自己。

调岗后员工不来上班?

变更工作地点后员工继续在原地打卡?

这属于旷工吧? 是不是先发个返岗通知比较好?

发了返岗通知，员工没到岗，是不是就可以合法解除劳动合同?

很遗憾，以上答案均为否，解铃还需系铃人，病急不宜乱投医。

什么是旷工?

我发现，搜索法律条文是找不到"旷工"的定义的，也就是说，这不是一个法律概念。

法律不定谁来定?

《劳动合同法》第 4 条规定："用人单位应当依法建立和完善劳动规章制度，保障劳动者享有劳动权利、履行劳动义务。"

答案是：单位定。

单位怎么定?

通过规章制度定。也就是说，规章制度中要去规定，本单位认为的"旷工"是怎样的。

怎么定都可以吗?

起码要合理。比如，规定迟到 1 小时视为旷工 1 日，这就是数学没学好。

那么以下两种规定，哪个比较合理呢？

A. 旷工是指工作时间没有把精力放在工作上。

B. 旷工是指工作时间未经批准而缺勤。

推荐 B，为什么？因为"缺勤""批准"这些动作看得见、摸得着。

当然，作为规章制度，只写这么一句可能并不够用，还要配合单位的请假制度、流程以及其他相关的待遇安排。

但是为啥不选 A？人来了，心飞了，同样没有提供劳动，难道和缺勤不一样吗？

尽管这个问题有点较劲，但还是可以回答一下的：不是所有的问题都只能通过考勤来解决。规章制度可薄可厚，全篇只规定旷工一件事，是很浪费的，对于员工在工作岗位上的表现，还可以有其他更科学合理的考核制度和方法。

只要缺勤没批准就是旷工吗？

答案是：不一定。

缺勤的理由是否正当，也是要考察的一点。例如，新冠病毒疫情防控期间，由于部分区域疫情防控措施升级，交通受阻，客观上无法到达工作现场，就不宜认定为旷工。

于是，回到开头的几个问题。

**1. 调岗后员工不来上班，是旷工吗？**

先看调岗有没有改变工作地点，如果没有改变工作地点，员工仅以不同意调岗为由而拒绝出勤并不合理。至于该员工出勤之后是否从事了新岗位的工作，就是一个"心是否飞了"的问题，可以通过其他管理方法解决，不建议按旷工处理。

**2. 变更工作地点后员工继续在旧址打卡，不来新址，是旷工吗？**

要看旧址还有没有工作场所和工作内容，如果旧址什么都没有了，那么员工在原地打卡的做法也是难以理喻的。

当然，变更工作地点是一个值得专章讨论的问题，这里并不详述，只单纯看一下地点变化的合理性。如果从商场 L1 层变更到 L2 层，理论上并不会增加员工的交通与生活负担，对于这样的变化，员工不服从安排是不对的。

但地点从北京变更到上海，显然会造成员工上下班往返时长与交通成本的重大变化，甚至影响到员工的正常生活，当然就需要和员工商量了。

**3.什么是返岗通知？**

返岗通知一般是指单位采取"书面通知"的方式向员工提出的返岗的要求。

那么，发了返岗通知员工不到岗是不是就可以界定为旷工？

前文已述，旷工是通过规章制度规定的。

那么返岗通知是规章制度吗？

望文生义，既然是"通知"，就不是制度。但如果规章制度中把返岗通知设置成为流程中的一个环节，那么它有可能成为规章制度附带的一个文本模板。一份附带模板，本身并不能去定义"旷工"这个概念。

那返岗通知是干什么用的？

和"旷工"一样，搜索法律法规是找不到"返岗通知"的定义的，这个短语甚至根本没有出现过。可见，这是"民间智慧"的产物。用来做什么？用来弥补管理过程的缺漏、用来给缺勤的员工一个解释合理性的机会，避免处理过程武断而导致违法解除劳动合同。

# 公司搬迁需要补偿员工吗? ①

## 真实案情

赵某于 2010 年 4 月 19 日入职 A 公司,任生产部员工,双方签订了劳动合同。

2017 年起,北京市政府不断加大环境整治力度,A 公司出于维持生产经营需要,将生产部搬迁至外省某市,该市与搬迁前的工作地距离超过 100 公里。A 公司搬迁后,仍维持原有管理模式及薪资福利不变,并向员工提供免费的住宿。

同时,A 公司规定,如若员工中有未按规定时间到岗者,视同该员工自行提出离职,A 公司不给予任何补偿。

赵某拒绝到新工作地点上班并于 2017 年 9 月 8 日与 A 公司解除劳动关系,后向当地劳动争议仲裁机构提起仲裁申请,要求 A 公司支付解除劳动合同经济补偿金等费用。

## 庭审主张

**赵某主张公司应当支付经济补偿金及代通知金,理由如下:**

搬迁后,新工作地点与搬迁前的工作地距离超过 100 公里,已经超过合理距离,双方应当就员工到该新工作地点上班事宜协商而未协商。现 A 公司不能单方决定不按要求出勤即视为员工主动离职,离职原因是员工无法到新

---

① 案例来源:北京市第二中级人民法院(2018)京 02 民终字第 7470 号民事判决书。

工作地点上班，所以离职应当属于客观情况发生重大变化，A 公司应当支付给员工经济补偿金及代通知金。

**A 公司主张不应当支付经济补偿金及代通知金，理由如下：**

赵某的劳动报酬未降低，同时公司向赵某提供免费住宿，赵某不来上班是自行离职，我司未通知解除与赵某的劳动关系，劳动关系的解除不属于因客观情况发生重大变化由用人单位解除劳动合同的情形，故不应支付解除劳动合同的经济补偿金及代通知金。

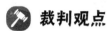 **裁判观点**

**劳动仲裁：**

A 公司应当支付赵某解除劳动合同经济补偿金及代通知金。

**一审法院：**

A 公司虽已通知赵某到新工作地点工作，且赵某对工作地点变动知情，但新旧工作地点之间的距离超过社会通常认知的可预见的合理范围，劳动合同继续履行对赵某显失公平，即便 A 公司提供免费集体宿舍，该措施亦不足以合理平衡因企业搬迁给劳动者造成的不利影响，结合 A 公司搬迁的社会背景，足以认定双方劳动合同订立时所依据的客观情况已经发生重大变化。

A 公司通知赵某未按时到岗视为自动离职，也未举证与员工就工作地点变动进行过协商，故法院认定 A 公司在上述通知中作出了解除劳动关系的意思表示，最终认定 A 公司与赵某解除劳动关系不当，支持赵某主张经济补偿金等诉求。

**二审法院：**

因两地较远，A 公司搬迁导致的工作地点变更势必对劳动者的工作及个人生活造成重大影响，可以视为双方劳动合同订立时所依据的客观情况已经发生重大变化。根据《劳动合同法》第 40 条第 3 项规定，A 公司未与赵某协商，径直通知赵某未按期到岗视为自动离职，该行为足以构成解除劳动合同的不当行为，赵某就此提出的合理诉求应当予以支持。

### 案例评析

　　公司搬迁至相距较远的新办公地点，虽然公司向员工提供免费宿舍，但提供宿舍不能确保完全抵消给员工带来的生活、交通不便，公司可以通过提前和员工进行协商的方式解决，如果公司简单地以一纸通知"未按时到岗视为自动离职"了事，大概率要承担不利后果。

## 第 三 十 三 集

## 跨地区工作，工资标准怎么定？

今天是个好日子，是发薪水的大喜日子。可是当我一看工资明细，瞬间就觉得心拔凉拔凉的，因为我入职的时候，公司跟我说我的社保缴纳基数是按当地最低工资标准来算的。但我仔细一看工资明细，发现给我算的比最低还低，于是我决定问个清楚。

　　　　**我：** 栗子姐，我想问一下，我的社保缴纳基数不是应该按最低工资标准来算的吗？

**炒栗子：** 是这样的，怎么了？

　　　　**我：** 那为什么北京的最低工资标准是 2 200 元 / 月 *，而我的社保缴纳基数却比这个低呢？

**炒栗子：** 北什么？什么京？

　　　　**我：** 姐，现在装傻是不是有点晚了？

**炒栗子：** 这个啊，咱们虽然是在北京工作，但最近咱们公司不是和辣白菜公司合并了嘛，他们的注册地不在北京。

　　　　**我：** 那在哪？

---

\* 2020 年公布标准。——编者注

炒栗子：内蒙古自治区乌兰察布市四子王旗。

我：什么王？什么旗？怎么不注册在南极呢？还能看看企鹅什么的。

炒栗子：你这个创意也是不错的。

我：但我的实际工作地就在北京，最低工资标准还是应该按北京的来算吧？我可是连内蒙古都没有去过哎。

炒栗子：你想调回总部工作？可以申请一下的。

我：我是说我的生活成本、各项开销都在北京，最低工资标准再低就完全不够用了。

炒栗子：咳，这个社保缴纳基数，只跟公司给你交多少钱有关，又不影响你的实际收入。再说了，公司给你交的少了，你实际拿到手的不就多了吗？

我：这么说我还赚了？

炒栗子：你看你悟性多好。

我：那我决定了，我吃点亏无所谓，但不能让公司吃亏，还是给我把标准调高吧。

## 我的内心在思考：

单位注册地和实际工作地不一致，如何确定最低工资标准？

## 敲键盘：

《劳动合同法实施条例》第14条规定："劳动合同履行地与用人单位注册地不一致的，有关劳动者的最低工资标准、劳动保护、劳动条件、职业危害防护和本地区上年度职工月平均工资标准等事项，按照劳动合同履行地的有关规定执行；用人单位注册地的有关标准高于劳动合同履行地的有关标准，且用人单位与劳动者约定按照用人单位注册地的有关规定执行的，从其约定。"

## 读书笔记 Day 33

# 拿了户口就走，会有违约金吗？

虽然公司给我按照内蒙古的最低工资标准缴纳社保，但是公司说可以帮我解决京户。我暗地里激动好久，后来才发现解决京户的话我得在这里服务满30年，否则我要支付五百万的违约金。我要不要答应呢？要不要拿到户口后就跑路呢？五百万我怎么付呢？是现金还是转账呢……不对，我没有五百万！再等等，就一个户口，公司有权要求我工作30年、支付五百万吗？且待我查探一番。

不查不知道，一查吓一跳，北京和上海这样的案子还真不少。

### 在北京

就北京地区，裁判中关注的要点有二。

第一，劳动者需要为其违反户口违约金条款的行为承担一定的经济责任，具体金额则属于法院自由裁量范畴，一般来说都低于用人单位的主张数额。

第二，这种经济责任的依据到底是来源于户口违约金条款本身的效力，还是法院直接根据诚实信用原则裁量则有所不同。

具体来说，2009年北京市高级人民法院曾出台意见，认为用人单位为其招用的劳动者办理了本市户口，双方据此约定了服务期和违约金，用人单位以双方约定为依据要求劳动者支付违约金的，不应予以支持。确因劳动者违反了诚实信用原则，给用人单位造成损失的，劳动者应当予以赔偿。[1]

---

[1] 《北京市高级人民法院、北京市劳动争议仲裁委员会关于劳动争议案件法律适用问题研讨会会议纪要》（2009年）第33条。

这就是说，户口违约金条款应属无效，但劳动者仍可能会因违反诚实信用原则而承担一定的经济责任。

比如，在北京市第一中级人民法院（2020）京01民终7656号判决中，法院的裁决意见就与上述纪要意见保持了一致：

> 本案中……依据××学校为高×办理户籍进京手续之时的社会现状，户籍进京指标具备稀缺性，高×明知其签署的协议中约定了四年的服务期，现履行服务期未满即因其自身旷工原因被辞退，其行为给××学校在人才引进及招用同岗位人员方面带来一定损失，基于诚实信用原则的考量，一审法院判定高×赔偿××学校落户损失96 164.38元，并无不当，本院予以确认。

但北京也有法院未按照上述意见裁判，而直接认为违约金条款有效的，其中还存在不同的说理依据和论证路径。

比如，北京市第二中级人民法院（2020）京02民终11715号判决中，法院认为：

> ××北京分公司与肖××履行劳动合同期间，双方就"办理进京户口"之事项另行签署了《协议书》。××北京分公司、肖××签署《协议书》并履行是双方真实意思表示，不违反法律规定，不具有法律规定的无效情形。

仅时隔2个月，在北京市第二中级人民法院（2020）京02民终8460号判决中，法院尽管也认为户口违约金条款有效，但采用了不同的说法：

> 《中华人民共和国劳动合同法》第二十二条第一款规定："用人单位为劳动者提供专项培训费用，对其进行专业技术培训的，可以与该劳动者订立协议，约定服务期"，该条款属于授权性规范，即授予用人单位可以自行抉择是否通过对劳动者进行专业技术培训的方式约定服务期。在用人单位为劳动者提供足以与专业技术培训相对等的特殊待遇时，例如用人单位提供住房、汽车、现金补贴等，用人单位以提供该种特殊待遇的方式与劳动者约定服务期的，应当参照适用劳动合同法第二十二条之规定。
>
> 本案中陈××所享有的进京落户指标属于稀缺资源，为陈××办理进京落户手续并非××出版社的法定义务。因此，××出版社为陈

××办理进京落户手续的行为属于用人单位为劳动者提供特殊待遇的范畴……（陈××）仍然选择提前离职，且从未表达将户口迁回原籍的意思表示，表明其基于谋求更高待遇等想法自愿选择了最后一种方式，有违公平原则与诚实信用原则，亦对××出版社造成较大损失，故陈××理应向××出版社支付相应的经济损失。

可以看到，就在2020年这一年，北京市一中院、二中院就对户口违约金条款作出了不同的处理，且北京市二中院内部还存在不同的说理依据和证成逻辑。但从中还是可以看出法院对这一问题共同的倾向：不管户口违约金条款是否有效，拿了户口就走的劳动者至少还是应当为此付出一些经济成本。

### 在上海

《劳动合同法》实施以后，上海市高级人民法院于2009年出台的意见认为：

> 用人单位向劳动者支付报酬，劳动者付出相应的劳动，是劳动合同双方当事人的基本合同义务。用人单位给予劳动者价值较高的财物，如汽车、房屋或住房补贴等特殊待遇的，属于预付性质。劳动者未按照约定期限付出劳动的，属于不完全履行合同。根据合同履行的对等原则，对劳动者未履行的部分，用人单位可以拒绝给付；已经给付的，也可以要求相应返还。因此，用人单位以劳动者未完全履行劳动合同为由，要求劳动者按照相应比例返还的，可以支持。①

有观点结合上述《意见》和《上海市劳动合同条例》第14、17条，以及上海市劳动保障局《关于违约金设定的规定的公告》等三份文件，认为这相当于承认了户口条件的服务期和违约金的有效性。但我并不赞同这种观点。

首先，《上海市劳动合同条例》（2002年）和上海市劳动保障局《关于违约金设定的规定的公告》（2004年）都制定于《劳动合同法》（2008年）出台以前，这两份文件都无法体现从《劳动法》到《劳动合同法》对违约金条款进行严格限缩规定的立法倾向。

---

① 《上海市高级人民法院关于适用〈劳动合同法〉若干问题的意见》（以下简称《意见》）（2009年）第7条。

223

其次，即便是从上海的《意见》来看，特殊待遇种类基本限定于"财物"，这种性质的特殊待遇决定了用人单位：（1）可以确定数额；（2）可以预付；（3）预付或实付后可以要求全部或按比例返还。

但《意见》并没有体现出，用人单位在主张劳动者"返还"由用人单位给予的"财物"之外，还可另行要求劳动者支付违约金。

再结合户口作为特殊政策的产物，如何确定其经济价值尚无定论，更重要的是，用人单位无法"预付"户口，也无法在办理完落户后要求劳动者返还户口。因此，户口福利并不能当然适用此条，更无法从此条中推出劳动者应当支付"违约金"的意思。

从检索上海市最近的案例结果来看，上海的法院一般认为：户口违约金条款无效，但因劳动者违反诚实信用原则确实给用人单位造成损失的，法院可以酌情裁量劳动者适当赔偿或补偿。

比如，上海市闵行区人民法院（2020）沪 0112 民初 14721 号判决认为：

> 原告坚持本案属于合同纠纷，其系依据《就业协议书（2018）×××××××的补充协议》之约定向被告主张违约金。该协议约定原告同意为被告申请办理上海市户籍，被告必须在原告处服务三年。该协议虽名为就业协议书的补充协议，实际上是由用人单位与劳动者签订，系双方对劳动合同期限、劳动权利义务的约定，应当属于劳动合同的范畴，适用《中华人民共和国劳动合同法》的规定。根据《中华人民共和国劳动合同法》的规定，除违反服务期约定和违反竞业限制约定的情形外，用人单位不得与劳动者约定由劳动者承担违约金。因此，双方签订的补充协议违反法律的强制性规定，当属无效。故对原告要求被告支付违约金 30 000 元的诉讼请求，本院不予支持。

这就是说，本案中法院认为户口违约金条款无效，且劳动者无须就违反此条款支付任何赔偿或赔偿。

但上海市浦东新区人民法院（2019）沪 0115 民初 35927 号判决立场则有不同：

> 双方基于被告为原告办理本市落户手续而签订的补充协议，虽其中有关服务期及违约金条款的约定违反了劳动合同法规定，然原告在被告为其办理本市户籍后于 2018 年 4 月 5 日离职，并未遵守约定，客观上

确系违反了承诺，有违诚实信用原则，原告该行为不可避免地对公司管理等带来不良影响，给被告造成了损害，原告存在过错，应当承担赔偿责任。关于损失的数额，鉴于原告的行为给被告所造成的损害后果难以以具体数字来衡量，故本院参考双方的约定，酌情确认原告应赔偿被告损失 10 万元。

本案中，虽然法院也主张户口违约金条款无效，但由于这里的劳动者确实存在过错和不诚信行为，而用人单位也因此遭受了损失，所以酌情确定了劳动者需向用人单位支付的赔偿数额。

## 第三十四集

# 同一家单位可以签两个非全日制合同吗?

人总是在旅途中的,如果你觉得周围的风景没有发生变化,那是因为你停在了原地。所以我要奔跑起来,我想去看看外面的世界。

我联络了刚去招聘公司工作的我的发小——孙七。

**我**：哥,有没有那种每天只干几个小时的工作?

**孙 七**：有,应有尽有。话说你身体不行吗?为啥每天只能工作几个小时?

**我**：我对人生的设计从来都是稳健型,在没有确定下一步的宏远规划时,我不能两只脚都迈出去。

**孙 七**：没听懂。

**我**：就是说,我还没打算从现在的单位辞职。

**孙 七**：哦,那给你找个签非全日制合同的。

**我**：有社保不?

**孙 七**：非全日制要啥社保?你的社保不已经在现在这个单位的全日制里上了吗?

**我**：我想享受双重社保,体验人生的双重快乐。

**孙 七**：我觉得你还是先规划一下宏远目标更好一些。

**我**：那我发传单的时候如果受伤了,谁赔我?

孙　七：传单应该不需要你发，有个职位刚放出来，涮羊肉公司。

…………

涮羊肉公司：你明天就来上班吧。

　　　　我：方便知道是什么岗位吗？

涮羊肉公司：你应聘了什么岗位？

　　　　我：发传单、洗盘子、促销员，我投的岗位确实比较多元。

涮羊肉公司：我们这只有编辑岗，看样子你是要拒绝？

　　　　我：不，我不拒绝。

涮羊肉公司：那明天来签合同吧。

　　　　我：啥合同？

涮羊肉公司：本来是全日制，但现在没有编制了，只能签非全日制了。

　　　　我：私企也有编制？

涮羊肉公司：编制就是正式员工的意思。我们和你签两个非全日制
合同。跟我司签一份，再跟涮牛肉公司签一份。这样
一天加起来就是8个小时。

　　　　我：涮牛肉是谁？

涮羊肉公司：这不重要。

　　　　我：那么我是每天上午在涮羊肉工作，下午在涮牛肉工作吗？

涮羊肉公司：两家公司之间的路途较为遥远，你要非得每天跑的话
也行，就是迟到会扣工资。

　　　　我：有多远？

涮羊肉公司：涮羊肉在三亚，涮牛肉在漠河。

　　　　我：哦，那想做这个工作是不是得先学会飞？

涮羊肉公司：倒不一定必须会飞。虽然你合同是签两个非全日制的，
但你可以不去涮牛肉，就在我司上班就行。

　　　　我：那我是每天上班4个小时还是8个小时？

涮羊肉公司：当然还是8个小时。

　　　　我：可是8小时那就相当于全日制了吧。

涮羊肉公司：那这样，你可以上午在办公楼6层工作4个小时，下

午在 7 层工作 4 个小时。

**我的内心在思考：**

和同一家单位可以签两个非全日制合同吗？兼职员工的社保到底谁来买？

**敲键盘：**

《劳动合同法》第 69 条第 2 款规定："从事非全日制用工的劳动者可以与一个或者一个以上用人单位订立劳动合同；但是，后订立的劳动合同不得影响先订立的劳动合同的履行。"

原劳动部《关于非全日制用工若干问题的意见》（2003年）第 3 条规定："……（十）从事非全日制工作的劳动者应当参加基本养老保险，原则上参照个体工商户的参保办法执行……（十一）从事非全日制工作的劳动者可以以个人身份参加基本医疗保险……（十二）用人单位应当按照国家有关规定为建立劳动关系的非全日制劳动者缴纳工伤保险费……"

一般而言，除工伤保险外，用人单位没有为非全日制劳动者缴纳社保的强制性义务。但不排除某些地区或部分法院为充分保障劳动者利益，而要求用人单位为非全日制员工缴纳社保的可能。

读书笔记 **Day 34**

# 非全日制必须了解的四个问题

虽然涮羊肉公司不打算给我缴纳社会保险，但是我心里还是十分纠结，我真的是非全日制吗？现在好学好问的我要研究下啥是非全日制。是不是那个工资成本低、还可以不签劳动合同、可以不缴社会保险甚至可以随时终止用工还不用支付补偿金的用工关系？如果是的话，非全日制确实对公司比较友善，也没那么多条条框框的约束。但话说回来，非全日制劳动关系需要满足哪些条件？如果不满足条件又有哪些风险？

**1. 非全日制有哪些主要特征？**

（1）每日工作时间不超 4 小时，每周工作时间不超 24 小时；

（2）劳动报酬结算支付周期最长不得超过 15 日；

（3）可以订立口头协议；

（4）可以随时通知对方终止用工；

（5）不得约定试用期。

**2. 是不是符合上述特征之一即可？**

主要还是得结合员工的工作时长及企业结算劳动报酬的周期，综合判断是否符合非全日制用工形式。

**3. 不符合特征的风险是什么？**

企业在招聘时与员工沟通的可能是非全日制，但在实际用工时就肆意妄为地压榨员工，使自己的用工形式在错误的道路上越走越远，这时就存在被认定为全日制劳动关系的可能性，其风险如下。

（1）应签未签劳动合同。大部分企业认为非全日制是灵活用工的表现形式，基于临时性、灵活性，往往企业不与员工签署书面劳动合同。那么，一旦被确认为双方建立了全日制劳动关系，就存在《劳动合同法》第 82 条规定的企业自用工之日起一个月内未订立书面劳动合同支付二倍工资的法律责任。

（2）未休年假工资。人力资源和社会保障部办公厅《关于〈企业职工带薪年休假实施办法〉有关问题的复函》第 2 条提到，《企业职工带薪年休假实施办法》中的"累计工作时间"是指全日制用工劳动者，而不包含非全日制用工劳动者。因此，很多企业拒绝非全日制员工套用全日制员工的规定休年假，但当员工的用工形式已经符合全日制时，员工应按全日制享受带薪年休假。

（3）经济补偿金。非全日制的双方可以随时解除用工关系，不受提前一个月通知或支付经济补偿金的限制，更不存在赔偿金的问题，这主要是考虑到非全日制是特殊用工形式。可是，企业在不考虑员工工作时长的情况下，利用随时终止用工的优势，任意通知员工解除劳动关系，可能导致支付更多的赔偿费用。

（4）加班费。即使在员工与企业签署书面非全日制劳动合同的情况下，员工的工作时长超过非全日制用工的时间标准，即使未达到全日制的每天 8 小时、每周 40 小时，也存在被认定为全日制用工的风险。如被认定为全日制用工，那么考虑非全日制延长工时需要支付加班费的概率就不是很高了，更多的是对超过标准工时以及休息日、节假日企业安排员工工作的计算加班费。

**4. 非全日制约定试用期没有法律责任吗？**

《劳动合同法》第 70 条规定："非全日制用工双方当事人不得约定试用期。"该条虽然确定非全日制用工双方约定试用期算是违法行为，但仅约定试用期这一点并不能成为认定全日制的充分条件。

以后谁要再骗我签非全日制劳动合同，我就要告诉他不要以"偷工减料"的方法逃避企业应尽的法律义务，真实的用工形式终会水落石出，毕竟法网恢恢。

真人真案秀之 **17**

# 入职隐瞒怀孕，可以按不诚信解聘吗？[①]

## 真实案情

2018 年 7 月 9 日，高某入职 A 公司，任销售经理。约定试用期 3 个月。

2018 年 11 月 2 日，A 公司向高某发送"辞退通知函"，载明："高某女士，自 2018 年 7 月 9 日入职始，截至 2018 年 11 月 2 日连续数月业绩未达标，经公司部门负责人指导培训后，仍未能达标，已不能胜任本职工作。根据公司相关文件规定，经公司领导研究决定：终止与你的劳动合同关系……"

高某提供医院超声报告单显示：宫内早孕 8 周 4 天，报告日期为 2018 年 7 月 24 日。

高某不服 A 公司解除劳动合同决定，提起劳动仲裁与诉讼。

## 庭审主张

A 公司：

我公司解除劳动合同是合法的，理由如下。

1. 销售经理承担高强度工作、出差、应酬任务，高某作为孕妇不适合从事上述岗位。

2. 高某存在欺诈，明知怀孕仍隐瞒怀孕事实并应聘，完全不符合 A 公司聘用初衷，客观上导致违反 A 公司招聘的真实意思表示，劳动合同应当

---

① 案例来源：北京市第三中级人民法院（2020）京 03 民终字第 11929 号民事判决书。

无效。

3. 高某违反诚实信用原则，应聘时隐瞒怀孕事实，工作经历造假，出具解除证明的单位与简历上记载单位有出入。

4. A 公司对高某进行业绩考核并在其不合格情况下对其培训，销售业绩为零，证明其不适合从事此类销售工作。

5. 高某未通过试用期考核，A 公司未批准高某转正申请。

## 高某：

公司是违法解除，我要求撤销"辞退通知函"，理由如下。

1. 2018 年 7 月底至 11 月 2 日系我怀孕期间，公司在这个期间已经知道我怀孕。

2. 公司没有对我进行任何的考核和培训。

## ⚖ 裁判观点

### 一审法院：

1. A 公司于 2018 年 11 月 2 日以高某业绩不达标、不能胜任工作为由与其解除劳动合同，但未提供高某的考核情况、培训情况及相关规章制度证据。

2. 高某处于孕期，A 公司解除行为不符合法律规定。

### 二审法院：

1. A 公司未证明，其曾要求高某告知是否怀孕而高某故意隐瞒，且高某是否怀孕与劳动合同履行并无直接关系，无法认定 A 公司与高某签订劳动合同违背 A 公司的真实意思表示。

2. A 公司以高某不胜任工作、业绩不达标为由解除，但 A 公司没有提供考核、培训、规章制度等证据，且高某处于孕期，以高某不胜任工作、业绩不达标为由解除不符合法律规定。

## 第三十五集

# 员工可以拒绝遵守规章制度吗？

最近老能听到一阵阵叮当声，我以为是圣诞节将至，麋鹿正向我欢快地奔来。经过调查，才发现原来是我身上穷得叮当作响。每个月绩效一共才两千块，工资条一发下来，我这个月竟然被扣了三千块。痛定思痛，我决定去找炒栗子小姐问个明白。

我：栗子姐，为什么我这个月绩效被扣了三千？

炒栗子：噢，小九啊。是这样，你看公司新修的规章制度了吗？迟到一次罚做 30 个蹲起，不自觉做的一个蹲起换算 5 块钱；吃饭吧唧嘴的一次扣 100 元；还有吃葡萄不吐葡萄皮一次扣 198 元。

我：可是我每个月绩效一共才两千，是怎么给我扣了三千的？

炒栗子：上个月你一共应扣 3 376 元，念在你平日里的努力，给你把零抹了。多的给你算在下个月的绩效里接着扣。

我：这是哪来的规章制度，我怎么从来没见过？

炒栗子：新修改的，上个月正式生效，早就刊登在 OA 系统上了，还广泛征求过大家意见。

我：有不同意见你们也不会改吧。

炒栗子：怎么不会改，公司可是很民主的。吃葡萄不吐葡萄皮原来罚

200 元，员工反映太高了，于是改成了 198 元。

我：就降两块？我明白了，公司是让我们用这两块钱去买彩票，这哪里是两块钱，这分明是五百万啊。

炒栗子：早就说你有悟性。

我：我拒绝遵守，因为我根本就没看到这些制度。还有葡萄这个也太过分了吧，我看这就是歧视我们吃葡萄不吐葡萄皮，难道不应该反歧视吗？

...........

牛肉面：九哥你又嘟囔什么呢？现在开会不光打盹儿，连梦话都说上了？

唉？是我又在做梦么？这个空调到底什么时候能修好？

**我的内心在思考：**

可以不遵守公司规章制度吗？什么样的规章制度是应当遵守的？

**敲键盘：**

一言以蔽之，劳动者应当遵守合法、合理的规章制度，对于不合法、不合理以至严重侵害到劳动者合法权利的规章制度，劳动者可选择不遵守。但何为合法、合理不能简单而论，一般来说，我们可以从两个大方面来考察规章制度的合法性、合理性。

内容上，可以从国家法律和政策、公共利益、诚实信用、奖惩相当、是否与工作具有本质相关性等维度出发，结合用人单位与劳动者之间的利益平衡进行综合考虑，既要尊重用人单位的正常用工管理需求，也要保护劳动者的合法权利。

程序上，主要考察是否经过民主公示程序。

## 读书笔记 Day 35

# 公司向员工索赔，员工怎么赔?

绩效工资都给扣光了，我恍恍惚惚地上班，导致今天工作出了点小差错。牛老师对我大发雷霆，骂我以一己之力造成了公司五个亿的损失，还说我的愚蠢惊动了CEO，实属不可救药。有没有药倒还在其次，但五个亿我确实承受不起。都让我一个人赔不公平吧……我需要去检索一下。

实践中，法院对劳动者需对用人单位承担损失的数额（比例上限）基本属于自由裁量的范围，并无固定统一的裁判规则。

比如，在广东省广州市中级人民法院（2020）粤01民终14958号判决中，法院就完全没有支持用人单位向劳动者索赔的请求，理由是该损失属于自身"经营风险"：

> 《广东省工资支付案例》第十五条规定"因劳动者过错造成用人单位直接经济损失，依法应当承担赔偿责任的，用人单位可以从其工资中扣除赔偿费，但应当提前书面告知扣除原因及数额；未书面告知的不得扣除。扣除赔偿费后的月工资余额不得低于当地最低工资标准。"

> 本案中，关于机票款项收回问题属于××公司及其子公司××旅行社自身的经营风险，不能通过扣除劳动者保证金的方式，将上述风险转嫁给劳动者。……故，本院对于××公司在曾××工资中扣除保证金的主张，不予支持。

又如，上海市第二中级人民法院（2019）沪02民终3763号判决则要求三位存在过错的劳动者一起承担了接近30%的损失：

> 因劳动者故意或过失给用人单位造成经济损失的，用人单位可以要求其赔偿，但应具体考虑职业特点、过错程度等确定赔偿损失的比例。

蒋××、刘××、张××的失职行为造成××公司损失48万元，应承担相应的赔偿责任。同时，××公司作为从事正常经营活动的市场主体，其在产生经济收益的同时亦无可避免地将承担一定的经营风险，对因员工履职行为不当而对公司造成的经济损失，应当由公司与员工根据过错大小合理分担。现一审法院酌情考虑本案各方过错程度及承受能力，判令蒋××、刘××、张××共同赔偿××公司损失144 000元，尚在合理范围内，本院予以维持。

同样，在浙江省绍兴市中级人民法院（2020）浙06民终3006号判决中，劳动者则因为重大过失而被要求承担15%的损失，而用人单位"浙江××汽车有限公司日常财务汇款流程随意，亦疏于对员工的监管，其未能从制度设计及实施上尽到主要注意义务，应对自身损失承担绝大多数责任"。

经过检索整体结果如下。

1. 劳动者的过错程度是法院在审理案件中考虑的重要因素，劳动者被法院要求承担一定比例损失的情况基本限于劳动者存在故意或者重大过失的情形，而劳动者的一般过失或者轻微过失往往会被认定为企业的经营风险或者管理不善等因素，劳动者可因此免责。

2. 一般来说，法院支持劳动者承担30%以上的损失赔偿责任的案例就相对较少了，用人单位要求劳动者赔偿全部损失的请求则基本得不到支持。

法院一般不支持劳动者过高比例赔偿的原因可能在于，劳动者在履职过程中出现失误本身，或许就是用人单位管理培训不足导致的。而且，人非圣贤，任何正常人的工作中都应存在一定的容错概率，劳动者在履职过程中总会产生过错乃至重大过错，从某种程度上来说是无可避免的。但这类过错能给用人单位造成重大损失，恰恰说明用人单位的纠错机制、风险管控存在缺陷。

所以，公司这五亿的损失，不仅有我的"功劳"，还有牛老师和受惊了的CEO的"功劳"，我要去据理力争了！

## 第三十六集

# 员工可以拒绝签保密协议吗?

我们和辣白菜公司合并后，又在被收购的路上，听说对方还是个上市公司。大家非常积极热烈地议论这件大事，我忽然收到了栗子姐发来的电签链接，提示签署内容为保密协议。难道我昨天和赵六吃饭时，说起公司马上要上市，说起我就要飞黄腾达，被栗子姐知道了?

**我：** 为什么要签保密协议?

**炒栗子：** 说实话我也不太清楚，反正都让签。

**我：** 能不能不签?我可以向组织保证，我绝不会出卖公司的。

**炒栗子：** 全员统一签署，不能口头承诺。

**我：** 我就是个公共助理，我能知道啥保密信息。

**炒栗子：** 公共助理知道得最多了，你可是全公司业务范围最广的人。

**我：** 我能有什么业务?每天送老板的孩子回家、给小姐姐们换桶装水、替隔壁编辑部改俩错别字、给读者寄份快递。

**炒栗子：** 这都是保密信息啊。老板家庭地址、供应商电话、读者家的门牌号码。

**我：** 哦，那刚才陈二问我，你几点下班，我能告诉他吗?

**炒栗子：** 必然不能啊!

**我：** 前天他也问我了，我已经告诉他了怎么办？

**炒栗子：** 你这是侵犯我的个人隐私啊！

**我：** 那我以后不能和别人讲话吗？

**炒栗子：** 跟我讲还是可以的，说，你还知道啥？

**我：** 那我是签了协议之后，拒绝给你讲，还是为了给你讲，就不要签协议了？

**我的内心在思考：**

保密协议，可以拒签吗？

**敲键盘：**

无论签不签保密协议，劳动者都有保守用人单位商业秘密的义务，都不得侵犯公司的商业秘密。保密协议中的条款明显不具备合理性、公平性的，员工有权利提出异议。毕竟，签协议是需要双方都同意的事情。

## 读书笔记 Day 36

# 谁在竞业限制的海滩上裸泳？

夜深了，我又开始思考，公司要求员工保密，这听起来是个合理的要求，为了防止下次和 HR 姐姐斗嘴时被抢白，我决定好好琢磨琢磨。

那就从竞业限制开始吧。

1 940 万元，是某游戏公司从一位离职的高级研发人员那里获得的违约金。违约金的依据是一份竞业限制协议。某资深 HR 为此感慨：竞业限制太贵了，不如签个保密协议。还有一些企业认为：只要实际上并不要求员工履行竞业限制协议，就无须支付经济补偿。

退潮之后，才知道是谁在裸泳。竞业限制是否确如前述两方所料想的呢？

**1. 竞业限制太贵了，不如签个保密协议？**

首先，保密协议和竞业限制并不互斥，保密协议中可以包含竞业限制条款，竞业限制和签署保密协议均属于单位可以采取的保密措施。所以，这位资深 HR 的话，"翻译"过来应该是：采取限制员工从事竞争行业的保密措施，和只签署不包含竞业限制条款的保密协议比起来，对企业来说前者要更费钱一些。

这种观点有一定道理：保密协议并不必然以单位支付保密津贴为对价，但对于竞业限制，按《劳动合同法》第 23 条规定，结束劳动关系后，单位需要在竞业限制期限内按月支付经济补偿。

但判断一个东西贵不贵，不能只看"价格"，钢比铁贵，但也更结实。竞业限制，限制了员工的自由择业权，要求员工在一定期限内不能从事已有从业经验的行业，从而为单位提供了相对更周延的商业秘密保护，单位为此而支付一定经济补偿，很难武断地说"贵而不副其实"。

**2. 实际上并不要求员工履行竞业限制协议，就无须支付经济补偿？**

《最高人民法院关于审理劳动争议案件适用法律若干问题的解释（一）》第39条规定："在竞业限制期限内，用人单位请求解除竞业限制协议的，人民法院应予支持。在解除竞业限制协议时，劳动者请求用人单位额外支付劳动者三个月的竞业限制经济补偿的，人民法院应予支持。"也就是说，单位可以单方解除竞业限制协议，但需要明确向对方主张，且行使单方解除权时还需额外支付3个月的竞业限制经济补偿。

那员工呢？如果单位一直没支付经济补偿，员工还需要履行竞业限制义务吗？

《最高人民法院关于审理劳动争议案件适用法律若干问题的解释（一）》第38条规定："……因用人单位的原因导致三个月未支付经济补偿，劳动者请求解除竞业限制约定的，人民法院应予支持。"也就是说，单位3个月未支付经济补偿，员工将取得竞业限制协议的解除权，但如果员工没有行使解除权，竞业限制协议就没有解除。换言之，竞业限制协议并不因为单位3个月未支付经济补偿而自动解除，在没有解除的情况下，员工如果违反了竞业限制义务，仍可能需要向单位承担责任。

在张×平诉上海××时尚科技股份有限公司劳动合同纠纷案【见上海市第一中级人民法院（2016）沪01民终7931号判决】中，法院认为，虽然单位未向员工支付经济补偿，但员工"并未请求解除竞业限制约定，因此有关协议仍然有效"，而本案中员工作出了违反竞业限制的行为，需要向单位支付违约金。

抬头看明月，低头看自己，我其实并不明白，我这样的"边缘化"岗位，为什么不能去同行单位？我去了同行单位，能改变水果干公司与其他公司的竞争地位吗？还别说，没准我真的能做到。

真人真案秀之 ⑱

# 辞去职务就等于辞职吗？ ①

## 真实案情

罗某为 A 公司总经理、董事、股东。

2018 年 3 月 10 日，A 公司召开了董事会，会上罗某辞去总经理一职。

2018 年 3 月 12 日，A 公司董事会作出"人事令"，内容为：罗某因身体原因卸任总经理一职，A 公司总经理职务由林某代理兼任。随后，罗某发送全员邮件，称因个人原因不再担任总经理职务。

罗某自 2018 年 3 月 12 日便无法进入公司微信群，2018 年 3 月 29 日电脑被收走，2018 年 4 月 18 日门禁卡权限被取消，工资停发。

双方就罗某辞任总经理是否属于主动解除劳动关系产生争议。

罗某提供的录音、电子邮件、聊天记录等显示，罗某在对话中提到：

"我是辞经理不是辞工作……"

"辞总经理不等于工作不在，我还上班的……"

"然后也有录像、也有录音吧，应该董事会有录音，这个呢你可以看，我绝对没有说辞职……"

"我跟你说我给你解释多少次了，现在劳动合同还没解除……"

"我就说董事会上是辞任，没有说辞职！然后也没有说解除劳动合同……"

"……你可能不太清楚法律，辞任总经理是辞职务，是公司法的事，董事会可以决定的。是不是员工是劳动法的事，有劳动合同保护保障的……"

---

① 案例来源：北京市高级人民法院 (2020) 京民申字第 2797 号民事裁定书。

A 公司还提供了双方移交印章、银行 U 盾手续等证据。

## 🏛 庭审主张

**罗某主张：**

辞任总经理不等于主动解除劳动关系，理由如下。

1. 在录音、电子邮件、聊天记录等中显示，我只是辞去职务，没有主动解除劳动关系的意愿，且在辞任这个职务之后，我仍在公司内继续工作。

2. 公司以强行收走电脑、关闭门禁权限等行为表明，公司要和我解除劳动关系，这是非法解除。

**A 公司主张：**

辞任总经理就等于主动解除劳动关系。

1. 双方虽进行协商，但都没有意愿继续履行劳动合同。

2. 罗某与我司签订的劳动合同，双方只约定总经理这唯一岗位及职责，罗某的辞任表明其提前终止与我司的劳动关系。

3. 罗某在全员邮件中已明确系"个人身体原因"主动离职，我司董事会一致同意并公告，不存在违法解除劳动合同的任何主观故意。

## ⚖ 裁判观点

**仲裁机关：**

罗某属于主动解除劳动关系，没有经济补偿金。

**一审法院：**

1. 依据《公司法》，解聘高管不等于依《劳动合同法》解除劳动关系，职务与劳动关系不能挂钩。

2. A 公司没有证据反映罗某有解除劳动关系的意思表示，罗某也未表述要求主动解除劳动关系。

综上，罗某不属于主动解除劳动关系，A公司属于违法解除劳动关系。

## 二审法院：

1. 罗某与A公司就辞任总经理后新的工作岗位、工作内容、劳动报酬等未达成一致意见，没有形成变更原劳动合同或者建立新劳动合同的合意。

2. 劳动者单方面辞去特定职务或岗位，A公司并不负有为其提供新的职务或岗位的法律义务。

3. 罗某的总经理岗位导致其与A公司劳动关系特定且密不可分，辞任总经理即导致对劳动关系一并处理，罗某辞去总经理职务并获同意，发生劳动者解除劳动合同的法律效果。

综上，罗某属于主动解除劳动关系。

## 再审法院：

罗某属于主动解除劳动关系，维持二审裁判结果。

## 第三十七集

## 为了正义举报公司，
## 应该被开除吗？

随着年纪的增长，我最近十分怀旧，回想起当时在麻辣烫公司实习的时光。当年，本着主人翁精神，我回看了八遍"3·15"晚会。次日，我约了麻辣烫公司的品牌总监——蛋炒饭喝矿泉水。我觉得有些责任是要负起来的。

**我：** 饭哥，这段时间承蒙你照顾，我打算好好请你一顿。

**蛋炒饭：** 呦，小伙子终于开窍了，打算吃什么好吃的去？

**我：** 不是吃，是喝，准确地说，是喝水。

**蛋炒饭：** 喝水还用得着你请？

**我：** 两块钱一瓶的矿泉水，我平时都舍不得喝，为了你一下子买了十瓶。足足二十块大洋呢，我时薪都不到二十块，相当于一个多小时白干。饭哥你放心，今天别的没有，矿泉水管够。

**蛋炒饭：** 我谢谢你……你是不是有什么阴谋？

**我：** 也说不上是阴谋，就是我想举报我们公司。

**蛋炒饭：** 什么？

**我：** 我听 HR 姐姐说，咱们公司是全员派遣，连大老板都是派遣的，所以我算了一下，劳务派遣工占比是 100%。这个不符合法律规定。

**蛋炒饭：**谁说 100% 劳务派遣了，不是还有你这种实习生吗？

**我：**那不一样，我说的是其他那些员工，不是像我这种学生。你说到哪里举报比较好？是不是 12315？

**蛋炒饭：**你等一下，冷静，举报这个对你有啥好处？

**我：**《员工手册》里说，要遵纪守法、诚实守信。

**蛋炒饭：**那是让员工遵守的，不是公司吧？

**我：**既然员工都要遵守，那公司就更应该作出表率。

**蛋炒饭：**你这是要"搞事情"，估计下午就要被开除了。

**我：**是的是的，我也觉得我有点"作"。但是为了社会公益曝光不法事件，难道不是正义？

**蛋炒饭：**保密协议你签了没？

**我：**签了，这算泄密？行侠仗义也不行？我不应该受到保护吗？

**蛋炒饭：**实习生并不受什么保护吧？

### 我的内心在思考：

员工可以任意举报公司而不承担任何责任吗？举报属于违反保密协议吗？实习生受劳动法保护吗？

### 敲键盘：

《民法典》第 110 条规定，法人、非法人组织享有名誉权。如果员工恶意捏造虚假事实、曝光不真实、不准确的虚假信息，给用人单位造成名誉等损失，用人单位可以依法维护自身权利。

违法行为不属于商业秘密。

全日制在校大学生出于勤工俭学的目的到单位实习，可以不建立劳动关系，不受劳动法调整，但受民法调整。

## 远程办公不洗头，违反纪律吗？

我一直十分渴望在家办公，这样就可以不用每天出门挤地铁。但我也有很多疑问：视频会议需不需要先洗个头？开会期间能不能吃一碗螺蛳粉？发言空档可不可以下楼取个快递？

我决定仔细研究这些问题，万一哪天我在家办公的梦想就实现了呢！

**1. 在家办公是否可以取消交通补贴？**

这个首先要看家里的房子有多大，从卧室到客厅、书房或者其他能够开展工作的区域需要使用什么样的交通工具。我觉得，通常步行可以到达的区域，在交通方面不会产生太大开销。

当然，交通补贴方面，还是要看约定的工资结构及交通补贴的性质是怎样的。如果工资中能够明确拆分出交通补贴的标准，且交通补贴的目的在于补贴员工从家到公司上下班往返交通费用的支出，而且双方都接受这个认知，那么不发生从家到公司上下班往返的这段期间，不提供交通补贴，我认为与"足额支付劳动报酬"并不冲突。

**2. 未接电话能不能认定旷工？**

老板见不到我，失联一秒就心里很慌，这个心情我非常理解。但在办公室上班，是不是也有漏接电话的时候？不能因为在家办公就把旷工的标准扩大到电话界。

但这个电话非常重要，怎么办？

我认为可以结合几方面来看。

（1）看岗位：我的岗位是不是专门接电话？是 400 客服、HR，还是程序员？

（2）看理由：我没接到电话的理由是啥？去了个厕所，逛了趟超市，不小心睡着了，还是刚才在接另一个电话？

（3）看次数：我是7×24小时不在线，持续失联，还是一两个电话漏接？

通常旷工是与出勤对应的纪律概念，在一步到岗的在家办公模式中，是不需要"出"勤的。

我觉得，对于对在线要求不是非常高的岗位，科学合理地安排工作内容、考察员工的实际交付，比考察员工的在线状态会更容易实施，也能减少争议。

对于确实无正当理由拒绝合理工作安排的员工，公司是可以按照规章制度作出处理的。

### 3. 在家办公能不能逛街？

人的精力是有限的，逛街是花钱，上班是赚钱，同一时间内，只能二选一，如果两个都选，两个都做不好。

首先，在家办公使员工能够自主安排自己的工作环境，但不代表员工可以安排自己不工作。

其次，无论在哪里办公，员工都应当遵守劳动纪律和职业道德。当逛着街的我，一边对着导购尴尬地微笑，一边敷衍着电话另一头的同事或者客户，我的良心不会痛吗？

最后，劳动者应当按时按质完成劳动任务。在商场健步如飞、眼花缭乱地看着当季新款的同时，可能没有办法负责任地专心工作。

综上，在家办公只改变了工作场地，并不改变工作本身的严肃性。员工在上班时间逛街，如果达到了规章制度规定的违纪程度，公司是可以按照规章制度作出处理的。

### 4. 在家办公是否存在加班？

法律对工作时间的限制并没有区分工作场地。因此，在家办公期间，加班也是可能出现的。

但在家办公的工作时间，真相较难琢磨。有可能刚起床就投入了无限的在线问答和电话会议，全天连喝水的时间都没有，更谈不上洗头；但也有可能是一觉睡到自然醒、洗脸化妆刷微博，快到天黑才打开电脑。

《最高人民法院关于审理劳动争议案件适用法律问题的解释（一）》第42条规定："劳动者主张加班费的，应当就加班事实的存在承担举证责任。但劳动者有证据证明用人单位掌握加班事实存在的证据，用人单位不提供的，由用人单位承担不利后果。"

显然，在家办公的真相掌握在员工手中，是否存在加班，还需要员工本人来证明，包括开始工作和结束工作的时间，以及工作的连续性等。

**5. 视频会议不洗头是否违反劳动纪律？**

通过对上面几个问题的讨论，我想，如果在公司办公都不要求洗头，那么在家开会也是可以不洗的。

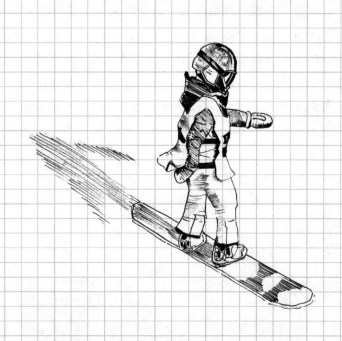

## 第三十八集

# 离职补偿应该把年终奖计算在内吗？

公司搬迁对我的身心健康造成了巨大影响。我日不能食、夜不能寐，甚至出现了幻觉，工作错误百出。一怒之下，水果干公司和我彻底撇清了关系。但撇清得有点太干爽，我回到家才想起来，忘了跟公司要年终奖。

**我：** 老板，我人虽然走了，但是心还留在这里，所以去年的年终奖是不是会和工资一起发给我？并且，此处是不是应该有一份解除劳动合同通知书？还应该配置一部分离职补偿金？而且，补偿金的基数，是不是应该把年终奖也计算在内？

**牛肉面：** 想什么呢？你在发年终奖之前走的，所以年终奖肯定就没有了啊。

**我：** 那补偿金呢？

**牛肉面：** 你觉得屡次把桶装水换成了电灯泡，微波炉用成了打印机，这是还有哪个单位可以容忍的工作失误吗？你觉得这套失误系列还能配得上补偿金吗？

**我：** 那不一定，恰恰是我的风趣幽默给同事们带来了欢声笑语，我用我的呆萌娱乐了周围、造福了大家。何况，我去年任劳任怨辛苦工作了一年，今年才离开，为什么去年的年终奖不能拥有?

**牛肉面:** 你看你明知道年终奖还没发,还坚持要走,这不是说明你已经放弃这笔钱了么?

**我:** 我没放弃啊,我不是自愿走的啊,我既没说过放弃也没写过放弃,不能算放弃。

**牛肉面:** 那你也没有年终奖,公司和你签的劳动合同里既没说有年终奖,也没写有年终奖,就不能算你有年终奖。

**我:** 我觉得您模仿我的句式,显得您缺少原创能力。

**牛肉面:** 但在年终奖给不给你这件事情上,我可以坚持原创。

**我:** 叔,是善是恶,就在一念之间啊。

**牛肉面:** 谁是你叔。

**我:** 姨,是善是恶,就在一念之间啊……

(拍打我)

**炒栗子:** 醒醒哎,您这是晚上打游戏熬了几宿?

**我:** 啥?啊?栗子姐你咋知道我睡着了?

**炒栗子:** 呼噜声电梯间都听见了,人家隔壁办公室的来投诉三回了。

真是太好了,一觉惊醒后发现自己的年终奖还有机会,是多么大的惊喜。

**我的内心在思考:**

今年离职,为什么不能拿去年的年终奖?经济补偿金的基数是否应该把年终奖计算在内呢?

**敲键盘：**

一般来说，单位有权自主决定年终奖的发放条件、发放时间、发放标准等。离职还能不能享受年终奖，需要结合双方的劳动合同、相关的薪资奖金约定、公司薪酬绩效制度、奖金制度、考核制度、公司惯例等各方面综合判断。在有明确的规章制度或协议约定的情况下，应当按照制度规定和协议约定执行。

国家统计总局《关于工资总额组成的规定》第 4 条规定："工资总额由下列六个部分组成：（一）计时工资；（二）计件工资；（三）奖金；（四）津贴和补贴；（五）加班加点工资；（六）特殊情况下支付的工资。"

如上所述，年终奖是奖金，奖金属于工资总额，经济补偿是劳动者在劳动合同解除或者终止前 12 个月的平均工资，应当包含劳动合同解除或者终止前 12 个月内所获得的年终奖。

读书笔记 Day 38

# 提前离职还有年终奖吗?

从前一两万,今年只五百,落花无情,单车变摩托,唉!写错,摩托变单车……今天是流着泪学习的。

年终奖像雾像雨又像风,一方面它看起来那么像工资,有的劳动者说,我可就冲这年底奖金入职的啊,要是因为提前离职就没了,那我这几个月不白干了吗?另一方面它看起来又那么独特,单位说,你看白纸黑字签字画押,我们明明说好了提前离职就没有年终奖的噢。但深圳的规定说了,管它是风是雾,都按照员工实际工作时间折算计发(《深圳市员工工资支付条例》第14条)!

是的,年终奖令人头秃得很!可是俗话说:"没有概念定义就展开的讨论都是耍流氓。"为了摆脱"耍流氓"的嫌疑,无论如何我要先为年终奖下个定义——年终奖是一笔财产。

就这?!路过的同学先不要摔书,且听我慢慢说。

现行法律确实没有对"年终奖"这几个字有一个明确的定义,所以实践中,在不同单位这几个字所代表的内容也不相同。

在有的单位,年终奖仅代表放在年末发放的固定工资,就是单位在日常发工资时将工资的一部分予以提留,并在年终时作为年终奖向员工发放。这种情况下,年终奖和常规工资只有发放时间的不同,但在员工结束劳动关系时都属于已经发生的、确定的劳动对价,单位没有理由拒绝就员工已经提供的劳动结算,而是应当按照员工实际的工作时间进行支付。

这一点,在一些地区以成文的方式加以规范,比如天津市高级人民法院《天津法院劳动争议案件审理指南》(2017年)第37条。

实践中，这种年终奖也常以"保底年终奖"的名号出现。比如深圳××信息发展有限公司诉向××劳动争议案【见广东省深圳市中级人民法院（2020）粤03民终8375号判决】中，双方签订的"录用通知"明确约定年度奖金"正常情况下奖金为人民币220 000元，其中已包含保底奖金人民币100 000元（鉴于录用前后基本工资的差距）"，法院据此认定该保底奖金属于固定发放的劳动报酬，并最终判决单位支付按照实际工作时间折算的年终奖。

年终奖在有的单位代表固定工资之外的激励机制，是公司自主经营管理中的一种手段。换言之，这种情形下的年终奖并不是劳动者提供正常劳动的必然结果，也就是并不"保底"。

那么，不"保底"，员工提前离职的，单位可以此为由不发放吗？

按照前述国家统计总局《关于工资总额组成的规定》第4条第3项，将年终奖理解为"非标准的工资"较为合理，法定的单位可以降低工资的情形包含停工停产、医疗期等等，但并不包含"员工提前离职"，所以"员工提前离职"并不当然成为单位不发放年终奖的理由。

在广州从化××投资有限公司诉贺××追索劳动报酬纠纷案【见广东省广州市中级人民法院（2017）粤01民终2991号判决】中，单位在一审过程中辩称："年终奖发放并非公司的强制性义务，而属于公司自主经营权的范畴，年终奖是否发放，如何发放及发放标准均由公司……自主决定。"一审法院认为这并不能证明单位无须发放年终奖，二审法院持同样的观点。

那么，如果存在提前离职就不发年终奖的约定／规定，是有效的吗？

多数法院认为有约定／有效规定的，从约定／规定。

在赵××诉上海××劳务服务有限公司、上海××制动系统有限公司追索劳动报酬纠纷案【见上海市第二中级人民法院（2017）沪02民终7288号判决】中，法官在判决书中比较直白地解释道：是否发放年终奖，年终奖的金额如何确定均属于用人单位行使经营自主权和用工管理权的范围，是用人单位根据自己经营情况合理激励员工的有效手段，在没有违反法律强制性规定的前提下，司法不宜强制介入。

我也比较赞同这种观点，年终奖本质上就是一笔财产，当员工有合理理由对于获得一笔财产产生期待时，不应允许单位拥有随意取消的权利，否则将对个体的生活产生重大影响，也就是需要维持个体"合理期待的稳定性"。

但如果员工和单位事先已经就发放或不发放年终奖的条件达成约定或存在有效的规定时，双方均秉持已然达成的合意、不随意变更，更符合诚实信用原则的要求。

至于前述深圳关于年终奖应按照员工实际工作时间折算计发，不因支付周期未满而免于发放的规定，相当于从地方性法规的层面赋予员工一种期待。这种情况下，单位作出与之不一致的规定将因其与地方性法规冲突而归于无效，也落入前述"合理期待的稳定性"的范畴。

# 真人真案秀之 ⑲

## 候选人接了录用通知却"放鸽子"，应该承担责任吗？①

### 案件背景

A 公司于 2019 年 7 月 25 日向周某发出"录取通知书"，约定周某于 2019 年 8 月 26 日入职。2019 年 7 月 25 日，周某在"录取通知书"上签名并以扫描件形式发还 A 公司。

该"录取通知书"记载："若在您签署本录用通知后，您未按前述入职日期到岗或者公司在对您的背景调查结果满意后仍拒绝接受您入职，该方（违约方）将视为对此份协议构成违约，应承担违约责任。双方均理解，违约行为将造成对方不可弥补的损失，并且同意根据下述方式赔偿对方违约金：违约金数额 = 前述条款中约定的一个月基本工资的数额……"

2019 年 8 月 22 日，周某拒绝入职。

2019 年 8 月 27 日，A 公司发送邮件要求周某支付违约赔偿。

2019 年 9 月 1 日，周某拒绝支付。

A 公司以周某拒绝支付违约赔偿为由提起仲裁及诉讼。

### 庭审主张

A 公司主张：

周某应当支付违约金，理由如下。

---

① 案例来源：上海市第二中级人民法院（2020）沪 02 民终字第 3126 号民事判决书。

1. 周某已经签署"录取通知书"，其中包含违约金条款，周某已于当日签字确认后以扫描件形式发还，表明其已知悉上述条款内容。

2. 我司直到 2020 年 1 月 2 日才招聘到新的同岗位员工，周某的失信行为导致该岗位产生至少 3 个月空档期，对我司业务发展带来较大影响，且重新招聘亦需支出相应费用。

## 周某主张：

我不应当支付违约金，理由如下。

1. 我在"录取通知书"上签字，是出于一名弱势求职者对于保障家庭主要经济收入的需求。考虑到入职 A 公司后可能会遭受更多不公平待遇，我于 2019 年 8 月 22 日提出拒绝入职 A 公司。

2. A 公司招聘过程中投入的时间及人力成本系其内部流程所致，所谓的损失无实质量化数据，亦不能归咎于我。

3. 双方之间的关系本质上是劳动关系，而不是普通合同关系，本案应当适用《劳动合同法》，不应该适用《合同法》。

4. 涉案"录取通知书"关于违约金的条款无效，不符合《劳动合同法》有关违约金的规定，本身并不合理合法，也不符合中国国情。

## ⚖ 裁判观点

**劳动争议仲裁机构认为：**

周某未入职，A 公司的请求事项不属于仲裁受理范围。

**一审法院：**

1. "录取通知书"性质为用人单位希望与劳动者建立劳动关系的单方意思表示。周某当日在"录取通知书"上签字确认后发还 A 公司，应视为对"录取通知书"内容的认可并同意入职。在此情况下，A 公司基于相信周某会按约履行、双方未来将建立正式劳动关系而享有信赖利益。

2. 周某于 2019 年 8 月 22 日拒绝入职 A 公司，违反了诚实信用原则，侵害了 A 公司的信赖利益，造成了 A 公司的损失，应依法承担相应的赔偿责任。

综上，周某应承担缔约过失责任。

## 二审法院：

1. A公司仅向周某发出了涉案"录取通知书"，双方尚未建立用工关系，也未签订劳动合同。双方之间的劳动关系尚未成立，周某在本案中的身份是求职者而非劳动者，A公司也并非用人单位，故本案不属于劳动争议纠纷。

2. A公司主张周某承担违约责任，并未主张周某承担缔约过失责任，本案应为合同纠纷。

3. 周某在一审中陈述的不入职理由是其找到更适合自己的岗位。周某不入职的行为并非其本人无法预见的情形，而是周某经过考量后对自身履约利益作出的权衡和选择。

4. 双方以"录取通知书"的形式约定在将来一定期限内订立劳动合同，"录取通知书"中载明的周某作为劳动者所享有的权益内容清楚完备且不违反法律规定，双方之间成立预约合同。

5. "录取通知书"对双方均具有法律拘束力，双方应按照"录取通知书"载明的入职日期订立相应的劳动合同，任何一方违反上述约定，均应承担相应的违约责任。

综上，周某应承担违约责任。

## ⚖ 裁判结果

周某需向A公司支付违约金。

## 🎓 案例评析

随意违约不可取，诚实信用属第一；
若欲毁约不入职，还需想好赔钱去。

## 第三十九集

# 单位停工，发不出工资怎么办？

这是一集番外。还记得我曾经告了麻辣烫公司么？是不是很想知道后来是什么结果？让我们开启回忆的时刻——

劳动仲裁委员会还是通情达理的，考虑到我请假太不容易，把开庭时间改到了周六，名曰周末仲裁庭。周六一大早，为了在开庭前做好充分的热身，我披星戴月赶到了仲裁地点，比预定时间早了两个小时。

而麻辣烫方面，派来的是他们的法律顾问——黄花鱼。

> **我：**黄顾问，您看这天上的云真白，像不像我那被拖欠了两个月的经济补偿？
>
> **黄花鱼：**白色的是纸吧，不是钱。九哥哈，你看这么办行不行？
>
> **我：**不行。
>
> **黄花鱼：**我还没说呢。
>
> **我：**那您说。
>
> **黄花鱼：**大周末的都挺忙。为了开这个庭，你肯定推掉了好多娱乐。
>
> **我：**我不娱乐，我周末就只有开庭这一件事。
>
> **黄花鱼：**那你要不要考虑，改变一下对生活的理解？
>
> **我：**改成什么？

黄花鱼：比如，不要把时间浪费在开庭上。

　　我：那要浪费在哪里？

黄花鱼：你可以和朋友爬爬山，逛逛街。

　　我：我还是更喜欢开庭。

黄花鱼：但我不喜欢啊！

　　我：那要不您去爬爬山？

黄花鱼：我是要去爬山啊，早就跟人约好了，都计划了俩礼拜了。现在别人都集合了，就差我了。你怎么不明白呢？

　　我：您的意思是，我帮您找个人，替您去爬山？

黄花鱼：谢谢，我的意思是你赶紧撤诉。

　　我：我为什么要撤诉？

黄花鱼：这个案子你赢不了，麻辣烫公司都停工好几个月了。

　　我：停工和我能不能赢有什么关系？

黄花鱼：职工工资全都停发了，赢了你也拿不到钱啊。

　　我：但我怎么听说，您的工资还是发了的？

黄花鱼：不给我发工资，谁来处理你这个事情？再说了，给我发的也只是最低工资了。

　　我：这么惨淡啊，那，早饭能给我报销吗？

黄花鱼：早午晚饭我都给你报了，咱们按一顿饭 15 元的标准。

　　喔：15 元连煎饼都吃不上。

黄花鱼：不可能，我家门口的煎饼八块一个。

　　我：您那个肯定是不加鸡蛋的。

黄花鱼：行，鸡蛋我也给你报了，再加三块。

**我的内心在思考：**

单位停工，就不用发工资了吗？停工期间，如何确定工资标准？

**敲键盘：**

《工资支付暂行规定》第 12 条规定："非因劳动者原因造成单位停工、停产在一个工资支付周期内的，用人单位应按劳动合同规定的标准支付劳动者工资。超过一个工资支付周期的，若劳动者提供了正常劳动，则支付给劳动者的劳动报酬不得低于当地的最低工资标准；若劳动者没有提供正常劳动，应按国家有关规定办理。"

读书笔记 Day 39

# 单位对这"泡病号"真的没辙吗？

抛开麻辣烫公司拖欠我的补偿金不说，想想麻辣烫公司其实也挺难的，今年大环境不好，公司几乎没业绩，但还需要支付租金、水费、电费、物业费……当然还有黄花鱼的工资，简直"闻者落泪，听者伤心"，所以我决定为困难企业分忧，研究一些坊间流传对于公司"老大难"的问题。

坊间有一种传闻，因为单位无法拒绝员工请病假，所以，员工可以一直请病假到天荒地老，真的是这样吗？

答案当然是："假的！"如果真的是这样，那企业就不叫企业，而是公益机构了。这句话的正确解读是：员工享有身体健康权，如果员工的身体健康受损、确实需要停工治疗，单位是不能强迫劳动的，但是不能强迫劳动不等于需要一直维持劳动关系。

我们看看相关规定，《劳动合同法》第40条规定："有下列情形之一的，用人单位提前三十日以书面形式通知劳动者本人或者额外支付劳动者一个月工资后，可以解除劳动合同：（一）劳动者患病或者非因工负伤，在规定的医疗期满后不能从事原工作，也不能从事由用人单位另行安排的工作的……"

首先，要有一个常识，病假时间是不确定的，谁也不能预测员工需要休多久的病假；但是，医疗期是确定的，根据员工实际工作年限和在本单位工作年限，员工享有3个月到24个月不等的医疗期，所以医疗期是确定并且有限的。

接着，按照上述规定，只要员工的医疗期满（而这是确定、可期待的），单位就可以介入了，单位可以考察员工是否能够从事原工作和单位另行安排的新工作，如果答案均为否，单位就可以合法解除员工。

有的同学说：了解！简单明了！

不过法律它看似平平无奇，实际上往往暗藏玄机。在上述分析的基础上，我们再来思考几个问题。

如果员工一直请病假，不能提供劳动是不是理所当然等于不能从事原工作，也不能从事其他工作？

一般情况下，调岗属于变更劳动合同的重大事项，需要经过员工同意，那么医疗期满给员工安排新工作，需要和员工协商确定吗？

答案的关键就在于法条中的"安排"两个字（"在规定的医疗期满后不能从事原工作，也不能从事由用人单位另行安排的工作的"）。"安排"意味着什么？

（1）"安排"首先是一个动作，所以对于单位来讲，作出"安排"这个动作本身是一种义务，单位单方进行的"员工一直请病假＝不能从事原工作和新工作"的推断，并不能免除作出"安排"的义务。

再来看一个真实案例：在何××与上海××机器人自动化股份有限公司劳动合同纠纷案【见上海市第二中级人民法院（2019）沪0114民初18698号判决】中，员工医疗期满后继续请病假，单位并未为其安排新工作，而是直接"以仍无法从事被告公司可安排的工作为由"通知解除劳动关系，而该员工收到单位的解除通知后，曾主动联系单位，表示虽无法从事原岗位，但单位可以酌情另行安排其他岗位。法院认为单位在未另行安排员工工作的情况下，径行解除与员工的劳动合同，显属违法。最终认定，单位属于违法解除。

从这个案例中可以看出：作出"安排"这个动作，并非一个空洞的法律义务。现实生活中，很多员工医疗期满后继续休病假，只是出于无法从事原工作的判断，并不清楚还有"安排新工作"这个路径。此种情况下，法律要求单位主动向员工提供一个新的工作机会，不仅可以让单位获得劳动对价，而且是对患病或非因工负伤员工的切实帮助。

（2）"安排"还意味着这是一个单方行为，不需要单位和员工"协商确定"。那么，既然是单方行为，是不是意味着单位可以随意安排了呢？

答案当然是否定的。回想一下，纵观整个雇佣相关事务，是不是凡是单位的行为，除了符合合法性要求外，均需要受到"合理性"的约束？这类似于单位之上的"悬顶之剑"。比如，有公司规定员工每月上厕所时间不得超过400分钟，超时将扣罚工资，其最终被监察部门限期整改。

同样，"安排"也应当在合理的范围内，将负责A区的保洁"安排"到负责B区的保洁，显然就是不合理的，这并非一次有效的"安排"，相当于没有安排。

## 第四十集

# 男生遇到性骚扰怎么办？

　　涮羊肉公司通知我，正式编制批下来了，我不用再靠签两份非全日制合同来拼凑一份全日制工作了。但我几乎已经忘了是在什么时候面试的这家公司。这也太突然了。虽然我每天都想去外面的世界看一看，但当这一天来到时，我好像还没有任何准备。

**葵花籽：** 喂？是蔡九吗？我是涮羊肉公司行政部的葵花籽。这边通知你，换签劳动合同。

　　**我：** 花籽你好，什么换签？和谁换？

**葵花籽：** 你的劳动合同以前是和辣白菜签，现在要改成涮羊肉。

　　**我：** 这也能直接换？难道不是先从辣白菜辞职，再去涮羊肉入职吗？

**葵花籽：** 大可不必，涮羊肉已经收购了辣白菜。

　　**我：** 啊？不是辣白菜收购了水果干吗？

**葵花籽：** 对，那是以前。现在，不管是水果干还是辣白菜，都统称为涮羊肉。

　　**我：** 不是说，要收购我们的是一家上市公司吗？等一下，天哪，所以，我现在是一家上市公司的员工了吗？

葵花籽：果然悟性好。

我：这话怎么这么耳熟？

葵花籽：对，炒栗子讲的。这边正在做人才盘点，已经收到了炒栗子和牛肉面对你的评估。

我：呃，他们对我的认识可能还不够全面，很多我的优秀之处，他们或许还没有察觉。

葵花籽：牛女士说，你聪明好学、爱动脑筋；栗女士说，你认真负责、在你自己的岗位上从来没有出过差错；牛女士说，虽然你热衷辩论，但这充分反映了你对待事物的好奇心，这一点难能可贵；栗女士说，虽然你特别较劲，但正是这个特质能够让你非常注重细节，精益求精。这些，你都不认同是吗？

我：啊？我忽然有一些感动了。

葵花籽：还有更感动的，经过牛女士的推荐，你将要到总部来参加一个月的业务培训，这边需要你再签一份培训承诺书。

我：承诺啥？

葵花籽：培训期间不能对同事实施性骚扰。

我：啊？这怎么定义啊？

葵花籽：比如，"亲""亲爱的""美女""帅哥"，这些词汇都不可以使用。

我：啊？这难道不是很常用的词汇吗？

葵花籽：怎么个常用法？

我：我们这边十层整个办公区的人，只要是让我给换过桶装水的，哪个没喊过我"帅哥"和"亲爱的"？

葵花籽：那你也太能忍了吧！你不觉得这是对你明晃晃的性骚扰么？你都不反抗的么？

我：这么严重？那您建议我怎么反抗？

葵花籽：我想想啊，我觉得，你可以，先忍忍看。

**我的内心在思考：**

什么是职场性骚扰？男生受到骚扰，可以寻求法律保护吗？

**敲键盘：**

联合国《消除对妇女一切形式歧视公约》第 19 号建议将性骚扰定义为："一种不受欢迎的与性相关的行为，例如身体接触和接近、以性为借口的评论、以文字或者行为表现出来的与色情和性相关的要求。"

国际劳工组织专家委员会把与性有关的评论、玩笑、暗示，以及与性相关联的淫荡的表情或者身体接触（例如触摸、爱抚、拧捏或者伤害等行为）均纳入性骚扰范围。

《民法典》第 1010 条规定："违背他人意愿，以言语、文字、图像、肢体行为等方式对他人实施性骚扰的，受害人有权依法请求行为人承担民事责任。机关、企业、学校等单位应当采取合理的预防、受理投诉、调查处置等措施，防止和制止利用职权、从属关系等实施性骚扰。"

"他人"这个词汇，意味着，性骚扰的对象不仅限于女性。男生受到性骚扰，也可以要求对方承担法律责任。

读书笔记 Day 40

## 规章制度你不知道的一些问题

有的时候我都会被自己的优秀吓到,比如作为一名勤奋好学的青年写手,我居然研读了这么多"雇事",可见优秀的青年不但善于写网文,还善于学"雇事"。今天的我不出意外的依然优秀,继续学习打卡,再度迎面走来的又是"规章制度"方队。

**1. 制度里有规定,就必然可以拿来约束员工吗?**

这是个常见的误区,包含三个问题。

(1)规章制度能否由单位单方制定?

答:并不完全可以。

依据《劳动合同法》第4条,单位在制定、修改或者决定直接涉及劳动者切身利益的规章制度或者重大事项时,应当履行民主程序。

何谓"民主程序"?

——经职工代表大会或者全体职工讨论,提出方案和意见,与工会或者职工代表平等协商。

工会或者职工不同意就不能生效吗?

——也不是。"协商"是个过程,"同意"是个结果,只关注过程,不考察结果。

何谓"直接涉及劳动者切身利益的"事项?

——有关劳动报酬、工作时间、休息休假、劳动安全卫生、保险福利、职工培训、劳动纪律以及劳动定额管理等事项。

(2)满足前述程序要求,就可以用来约束员工了吗?

还不够。还要考查合法性与合理性。

合法性容易理解，就是制度的内容不得违反现行法律规定。

合理性，举个例子来理解："员工如厕超过 15 分钟罚款"，就不合理。

（3）未经民主程序，一定无法用来管束员工吗？

也不是。分地区、看情形，有一定不确定性。

一些地区法院发布的裁审指导意见等中明确，如满足其他有效要件，仅是未经民主程序，在不存在明显不合理的情形时，可以作为裁判依据，比如浙江、江苏、湖南，在深圳市还加上了"劳动者没有异议"这个条件。

但即便在上述地区，也不是所有案件都适用上述意见，比如钟××诉惠阳区 ×× 酒楼劳动合同纠纷案【见广东省惠州市中级人民法院（2018）粤 13 民终 2079 号判决】中，法院依然认定规章制度效力不足。

考虑到自由裁量幅度，单位对这个问题持保守的态度更为稳妥。

**2. 规章制度"贴墙上、挂店里"＝已向员工公示或告知吗？**

公示或告知的举证义务在单位一方。

"贴墙上、挂店里"，什么时间贴的？贴了多久？谁看到了？谁没看到？都需要进一步采集相关的图片、视频，甚至还需要针对一些事项完成公证。相比之下，原件"签收"和电子文档"已读"的方式，更容易保存相关的记录与痕迹。当然，关于电子数据的证明效力，是另一个话题。

**3. 新员工入职前就已经存在的规章制度，对新员工有效吗？**

民主程序不需要重复履行，但"公示"或"告知"还是要做的，也就是，需要证明该制度已告知新入职员工。

**4. 规章制度优先于劳动合同吗？**

由员工选择。

《最高人民法院关于审理劳动争议案件适用法律若干问题的解释（一）》第 50 条第 2 款规定："用人单位制定的内部规章制度与集体合同或者劳动合同约定的内容不一致，劳动者请求优先适用合同约定的，人民法院应予支持。"

**5. 母公司的规章制度当然适用于子公司员工吗？**

并不是。实践中存在两种观点。

观点一：子公司作为具有独立法律人格的主体，其民主公示程序不能被母公司代替，所以如果需要适用母公司的规章制度，子公司应当重新按照

《劳动合同法》第4条在子公司完成民主公示程序。

观点二：母公司的规章制度如果在子公司内已向员工公示或告知，可以适用，如江苏省高级人民法院、省劳动争议仲裁委员会《关于印发〈关于审理劳动争议案件的指导意见〉的通知》第18条。

我觉得，如果当地没有特别规定，仍应适用《劳动合同法》第4条的规定，即民主公示程序要确保已经覆盖到子公司。

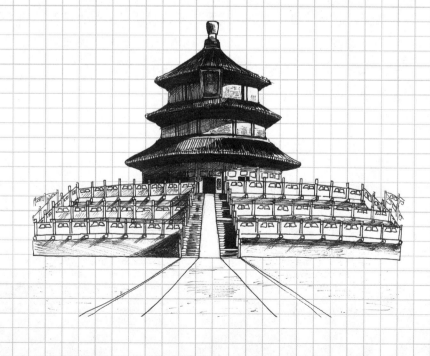

# 员工违纪多久，就不能再追究了？①

## 真实案情

李某为 A 公司员工。

A 公司考勤管理制度中有"在考勤中发现弄虚作假，出现虚报虚填、代他人刷卡或授意别人代自己刷卡，要追究当事人双方的责任，若出现三次及以上者 A 公司有权予以解除劳动合同"的内容。

李某与同事樊某 2017 年 6 月 29 日微信记录中显示，李某要求樊某代自己打卡，A 公司于同年 7 月 25 日没收李某门禁卡。2018 年 5 月 4 日，A 公司向李某发送解除通知，以李某不出勤找人代打卡、知悉代打卡事情已被公司发现后未出勤为由，解除与李某的劳动关系。

李某认为，不带这么玩的，都啥时候的陈年老账，这样开掉我是不对的。李某针对公司的解除行为提起了仲裁与诉讼。

那么，法院支持公司的做法吗？

从 A 公司知道李某代打卡的行为到 A 公司向李某发出解除通知，时间间隔已近一年，此时 A 公司的解除行为是否处于合理期限内？

## 观点展示

用人单位知道或应当知道劳动者违反规章制度之日，与用人单位发出解除通知之日，这两个日期，在客观上会存在一定时间差。案件审理中，法院和劳动争议仲裁机构需要对这个时间差进行衡量，不同地区法院和劳动争议

---

① 案例来源：北京市第三中级人民法院（2020）京 03 民终字第 8392 号民事判决书。

仲裁机构对时间差的"容忍"程度不一样，超出容忍限度的，就会认定用人单位违法解除。

本案中，从 A 公司知道李某代打卡的行为到 A 公司向李某发出解除通知，这两个行为间隔已近一年，A 公司解除行为是否处于合理期限内，影响到该解除行为是否合法。

## 观点一：合理期限应当为 5 个月

浙江省高院、浙江省劳动人事争议仲裁院《关于审理劳动争议案件若干问题的解答（二）》第 8 条规定，劳动者违反用人单位规章制度，符合用人单位与其解除劳动合同的条件，用人单位一般应在知道或者应当知道之日起 5 个月内行使劳动合同解除权。

## 观点二：合理期限应当为一年

《重庆市职工权益保障条例》第 26 条规定，因用人单位作出的解除和终止劳动合同、减少劳动报酬、计算职工工作年限等决定而发生的劳动争议，用人单位负举证责任。用人单位应当从知道或者应当知道职工违反规章制度行为之日起一年内作出处理决定。逾期未处理的，不再追究该违章责任。

## 观点三：不设置用人单位行使解除权的合理期限

该观点认为，用人单位行使解除权的，不要求法院或仲裁机构判断是否处于合理期限。

### 裁判观点

李某不服仲裁裁决，向法院起诉。经审理后，一、二审法院均认定用人单位系合法解除劳动关系。

### 案例评析

国务院 1982 年颁布的《企业职工奖惩条例》第 20 条规定，审批职工处分的时间，从证实职工犯错误之日起，开除处分不得超过 5 个月，其他处分不得超过 3 个月。职工受到行政处分、经济处罚或者被除名，企业应当书面通知本人，并且记入本人档案。

这条规定在 1995 年《劳动法》和 2008 年《劳动合同法》生效之前，是用人单位对职工给予处分合理期限的直接依据。随着《劳动法》和《劳动合同法》相继出台，"职工处分"的概念逐渐不再使用，用人单位改为用"规章制度"管理员工。虽然此条例已于 2008 年 1 月 15 日废止，但劳动者违反用人单位规章制度的，用人单位还是应当及时作出处理。

第一种观点：在浙江省的解答中，用人单位行使解除权的合理期限与《企业职工奖惩条例》第 20 条规定的期限一致。法院对用人单位行使解除权超出上述期限的，倾向于认定违法解除。如在浙江省高级人民法院（2020）浙 01 民终 3305 号民事判决书中，人民法院认为用人单位超出上述合理期限解除的，就属于违法解除。

第二种观点：与浙江省的解答相比，重庆市将用人单位行使解除权的"容忍期"延长至一年。如在重庆市高级人民法院（2019）渝 01 民终 4488 号民事判决书中，法院就认为，以案涉事件发生在 2017 年 12 月 20 日起算，用人单位于 2018 年 11 月 21 日依据规章制度对员工作出处理，二者时间间隔并未超过一年，用人单位属于合法解除。

第三种观点：在黑龙江省高级人民法院（2020）黑民申 1903 号民事裁定书中，法院认为，劳动者被刑事处罚后，用人单位当时未解除劳动合同，不违反法律规定。如果用人单位在时隔 5 年后又以该理由解除劳动合同，因法律没有明确规定合理期限，不支持劳动者关于违法解除的主张，所以用人单位仍属于合法解除。

回到本案，在本案的发生地——北京，目前尚无对用人单位行使劳动合同解除权的合理期限的明确规定，判断用人单位是否属于合法解除，主要应考虑是否满足规章制度本身规定的解除条件。

# 尾 声

努力至今，我更加完美。我贴得了快递单，换得了桶装水，还修得了打印机。我不仅工作出色，还做到了劳逸结合。我大胆地向老板争取了婚假、产假、探亲假，尽管这些要求都不怎么合理，牛老师也没有答应，但敢于发声，才能激励自我。

学习至今，我更加善良。我明确要求自己，即便下班后也不能随便殴打同事，更不能殴打同事之后再酒驾回家，尽管我还没有车。作为一名成熟稳重的职场绅士，我不在办公室吃榴莲和臭豆腐，不把女同事的下班时间告诉陌生人，这些将是我永恒的自律。

回顾我在麻辣烫公司和水果干公司的点点滴滴，万千思绪涌上心头。不苟言笑的牛肉面女士，虽然在我迟到的时候总是严厉地批评我，但也会在每次开会犯困的时候请我喝奶茶；对待规则总是一丝不苟的炒栗子姐姐，时常说我不努力就过不了试用期，但却默默在我的转正评价意见上褒赞了我。

所有的人生都在经历，所有的经历都是一笔宝贵的财富。在与大家共同学习的这段时光即将结束的时刻，我决定以一枚彩蛋来完成这段知识之旅。

# 彩蛋　测测你是《九哥来上班》里的谁？

## 问　卷

**1.** 第一天入职新公司，你会主动先跟谁打招呼：

A. 默不作声低头打字的小张——跳转至第 **2** 题

B. 奋笔疾书勤奋工作的小徐——跳转至第 **3** 题

C. 颔首托腮神游太空的小李——跳转至第 **4** 题

**2.** 同事订了奶茶，每个人都有一杯，唯独少了你的，你决定：

A. 先下手为强，喝别人的，"我先帮你尝尝好不好喝。"——跳转至第 **3** 题

B. 强行融入，偷偷自己订一杯，假装自己也有奶茶——跳转至第 **4** 题

C. 眼不见心不烦，装没看见——跳转至第 **5** 题

**3.** 同事跟你说他不是故意的，因为你是新来的所以把你的那份奶茶给忘记了，你说：

A. 下不为例，明天重新给我订一杯就行——跳转至第 **4** 题

B. 没事，喝奶茶容易长胖，我也不爱喝——跳转至第 **5** 题

C. 应该是我请大家的，怎么好意思让你请呢——跳转至第 **6** 题

**4.** 今天是你生日，即将下班之际，你的同事陈二让你请大家喝"星爸爸"，你却想赶紧回家和家里人一起庆祝生日，你会：

A. 索性请大家出去聚餐——跳转至第 **5** 题

B. 乖乖听话请大家喝"星爸爸"——跳转至第 **6** 题

C. 问："星爸爸"是什么？——跳转至第 **7** 题

**5.** 生日聚餐现场，同事一直灌你喝酒，你说：

　　A. 要不要再来点头孢？——跳转至第 **6** 题

　　B. 要不要再来点花生米？——跳转至第 **7** 题

**6.** 不熟的其他部门的人也来祝福你生日快乐，你却突然忘了他的名字，你说道：

　　A. 你就是那个谁吧？——跳转至第 **7** 题

　　B. 你叫啥来着？——跳转至第 **8** 题

**7.** 第二天一早开会，你迟到了，推开会议室的门，发现所有人的目光都投向你，场面顿时十分尴尬，你说：

　　A. 不好意思，路上堵车——跳转至第 **8** 题

　　B. 不好意思，我走错了，你们继续——跳转至第 **9** 题

　　C. 大家都来得挺早啊——跳转至第 **10** 题

**8.** 你又忘了交本周的周报，领导找你谈话，你说：

　　A. 先下手为强，问领导上个月工资为什么还不发——跳转至第 **9** 题

　　B. 扮演糊弄学大师，"我交了呀，您没收到邮件吗？那我再回去发一遍。"——跳转至第 **10** 题

　　C. 破罐破摔，"我为什么不交周报，当然是因为我没在工作啦。"——跳转至第 **11** 题

**9.** 上班看电视剧被同事发现，你说：

　　A. 不是我看，是 Siri 要看——跳转至答案【**A**】

　　B. 要不要一起看？——跳转至第 **10** 题

　　C. 我是在电视剧中寻找用于写稿的素材，都是工作——跳转至第 **11** 题

**10.** 已经到了下班时间，办公室却没有一个人走，你决定：

　　A. 风不动我不动，继续工作——跳转至答案【**B**】

　　B. 风不动我先动，马上开溜——跳转至第 **11** 题

**11.** 星期六在家看剧，同事给你发了一条微信，组长突然来电话，你会选择：

　　A. 回微信——跳转至答案【**A**】

　　B. 接电话——跳转至答案【**B**】

　　C. 继续看剧——跳转至答案【**C**】

# 答　案

【A】牛肉面（牛老师）：水果干公司编辑部部长，九哥部门的老大。工作狂人，能力超群。不管刮风还是下雨，你总是第一个到达公司，给其他人起到了很好的表率。甚至在放假时你还独自一人来公司加班，却囿于办公室锁门而作罢。爱岗爱家爱生活，最爱的还是自己的好下属九哥同学。当然了，不管是拿快递还是扛水桶都是爱嘛。

【B】炒栗子（栗子姐）：资深HR，慧眼如炬，心细如发，无事时是贴心大姐，有事时是威严门神，心念一动便能看穿员工的心思，万事万物都躲不过你的火眼金睛。工作一丝不苟，生活精致自然。善于从小事中发现他人的闪光点，人生格言是：世界上不缺少优秀的员工，而是缺少发现优秀员工的眼睛。

【C】蔡九（九哥）：本书主角本角，却从来没有主角光环，而是在作者想方设法的摧残下艰难度日。人生经历波云诡谲而变幻莫测，命途多舛仍不失赤子之心。俗话说："一根九哥一个坑"，也许世界上本没有坑，但就是有九哥踩不完的坑。过去一年的九哥，秉持着"上班不积极，思想有问题"的态度，虽然不曾看过凌晨四点的北京，但也曾一个月赶稿30万字。加油，年度最强打工人！

# 后　记

　　九哥的故事源于真实的职场，但它们显然不是仅只发生在一个人身上的真实的故事。现实之中，不可能有人像九哥一样，如此集中并且频繁地经历那么多看上去很较真甚至很稀有的法律问题。然而，我们每个人又难以避免九哥的某些遭遇，只是对于我们来说，通常无法深究。

　　在职场中，人与人的争执在所难免，尽管这其中的很多争执，尤其是与法律相关的争辩，仅仅是源于误解。当然，不可能人人都为此变成法律专家，不过，如果我们能够对法律知识多点了解，有些不必要的争执是不是就不会发生？人与人之间的消耗就会少一些？工作就会让我们更舒心一些？

　　我们衷心希望把枯燥的法律知识置于轻快的氛围。劳动法对于大家来说，本就不应当是一个异次元，相反，它就在每一个人的身边，指引着职场中人的行为和思考：平等、自律、真诚、讲话有根据、做事有条理。

　　不断挤压的创作过程始终在考验作者们的耐性和决心，但这无疑也是一笔宝贵的财富。如果九哥的遭遇和他的读书笔记能够为读者们在上下班的路上补充一些"营养"，如果读者们在与九哥相伴的短暂旅途中，或有笑声，或有思索，对于我们来说，都是最好的回馈。

　　由衷感谢郭伟先生的倾力支持，感谢乌兰老师、丽娟老师的悉心帮扶与指导。